Birgit Baader

Tanze ins Licht
Reisen zu inneren Kraftquellen

TONECOLORSPACE

Illustrationen:

Wolfram Schulz © Wolfram Schulz 2014

Layout und Design:

Ana Aceves © Sugarcube Studios Ltd.

Originalausgabe

© 2008 Tonecolorspace

Alle Rechte vorbehalten.

Coverbild: Wolfram Schulz

ISBN 13: 978-0-473-28333-9

(ISBN ebook: 978-0-473-28335-3)

Für Julie und Noa

Inhalt

Willkommen!

E tu kahikatea	aufrecht wie ein Baum
Hei whakapai uru roa	beieinander stehend wachsen wir
Awhi mai awhi atu	sorge für mich, sorge für dich
Tatau tatau e.	zusammen SIND wir.

Dieses *waiata*, ein gesungenes Gebet der Maori, lässt uns fühlen, wie unmittelbar wir in die Natur eingebunden sind – es malt ein Bild der Einheit, aus der Lebenskraft und Lebensfreude entspringen.

Die Meditationen in diesem Buch sind inspiriert durch die ursprüngliche Kraft der Natur. Tierreich und Pflanzenreich, das Volk der Vögel und der Meeresbewohner, die uralten Farne und viele andere Baumfreunde, aber auch die verschiedenen Elemente – die Kinder des Feuers, Wassers, Windes –, die Mineralien und viele mehr schenkten ihnen ihr *mauri* (Lebenskraft) und ihr *wairua* (spirituelle Kraft).

Alles, was lebt, kann uns in seiner eigenen Sprache etwas über sich mitteilen.
Du musst nur wissen, wie man zuhört und versteht.

Unsere Kraft liegt in unserer Verbundenheit mit dem Wesen aller Dinge, dem Licht des Lebens. Die Meditationen schaffen einen Raum, in dem wir uns mit diesem Licht verbinden und neue Kraft, Konzentration, Balance schöpfen können.

Die Illustrationen helfen beim visuellen Eintauchen. Die weichen, runden Formen und Farben wirken auf ihre Weise und strahlen eine kraftvolle Ruhe aus.

Turuki whakataha heißt auf Maori: „all die Dinge beiseite legen, die einen aus der Ruhe bringen" – dies ist unser Wunsch mit diesem Buch und den dazugehörigen Audio-CDs (siehe Anhang).

Herzlich willkommen zu einer aufregenden Reise in deine inneren Welten!

Motueka, Neuseeland/Aotearoa

Aktive Meditationen

Die folgenden Meditationen eignen sich gut, wenn du keine Lust oder nicht die Ruhe hast, einfach stillzusitzen oder zu liegen. Du kannst sie auch als Einführung für eine der Phantasiereisen durchführen. Sie machen Spaß und verbinden dich mit deiner inneren Quelle der Kraft, aus der du Mut, neue Ideen, Ruhe, Trost, Vertrauen schöpfen kannst. Sie helfen dir bei Entscheidungen, wenn du nicht weißt, was du tun sollst, wenn du traurig bist, dich alleine oder unverstanden fühlst. Sie bringen dich „in Fluss" und lassen die Energien in deinem Körper frei fließen. Außer der Gehmeditation kannst du alle Meditationen auch im Liegen machen, wenn du zum Beispiel krank bist und im Bett bleiben musst. Wann immer möglich empfehle ich dir jedoch, nach draußen, an einen Lieblingsplatz in der Natur, zu gehen. Die Kräfte in der freien Natur helfen dir, mit deiner inneren Kraftquelle in Verbindung zu treten.

Du kannst die Augen schließen oder offen lassen, wie du möchtest. Mache die Meditationen, so lange es dir gut tut. Am Anfang können dies wenige Minuten sein, wenn du geübter bist, möchtest du vielleicht viel länger ins Licht tanzen.

Rhythmusmeditation

Für diese Meditation brauchst du eine Trommel oder ein anderes Rhythmusinstrument, am besten eines, das schön schwingt und einen tiefen Klang aussendet.

Mach es dir bequem, möglichst mit geradem Rücken, damit die Energien frei fließen können. Wenn du bereit bist, beginne mit den Händen leicht einen Rhythmus zu schlagen. Lass dich einfach frei, der Rhythmus kommt von ganz allein...

Wenn du die Reise mit mehreren machst, dauert es vielleicht eine Weile, bis ihr alle einen Gleich- oder Zusammenklang gefunden habt. Lass dir Zeit. Beobachte einfach, wie sich die Klänge unterscheiden – manche sind vielleicht laut und vorherrschend, andere eher leise und zaghaft, manche kraftvoll und im Takt, manche unstet und schwankend...

Lass deine Hände und deinen Körper deinen eigenen Rhythmus finden, in dem du dich wohl und vertraut fühlst...

Wenn du diese Trommelreise öfters durchgeführt hast und deinen eigenen Rhythmus kennst, kannst du anfangen, mit unterschiedlichen Rhythmen und Lautstärken zu experimentieren. Lass dich treiben, mal lauter, mal leiser, mal schwächer, mal kräftiger, mal schneller, mal langsamer... Vielleicht fühlst du deinen Herzschlag und trommelst eine Weile mit ihm, oder erspüre den Herzschlag der Mutter Erde –

langsam, voller Ruhe und Kraft... Du kannst ihn am besten fühlen, wenn du direkt auf dem Erdboden sitzt oder liegst, auf einer Wiese oder im Wald.

Wenn du im Freien bist, wirst du mit der Zeit viele verschiedene Rhythmen erfühlen und im Einklang mit ihnen spielen können. Wind, Wasser, Feuer, Erde — alle haben ihren eigenen Rhythmus, und es macht Spaß, mit ihnen zusammenzuspielen, andere Rhythmen kennen und spielen zu lernen, dann wieder den eigenen Rhythmus im Zusammenspiel mit den anderen zu üben. Bevor du allerdings mit anderen spielst, — egal ob mit anderen Menschen, anderen Lebewesen oder Elementen — ist es wichtig, dass du deinen eigenen Rhythmus gefunden hast und weißt, wie er sich anfühlt, damit du dich nicht in den Rhythmen der anderen verlierst, sondern dich immer auf dich und deine Kraft beziehen kannst! Dieser Rhythmus kann sich mit der Zeit auch ändern. Erkennen kannst du ihn daran, dass er „wie von selbst" aus deinen Händen zu fließen scheint, und du dich wohl, stark und leicht damit fühlst.

Tönen

Mach es dir bequem und setze oder lege dich so, dass dein ganzer Körper und besonders dein Bauch frei und entspannt sein kann. Mir persönlich gelingt diese Meditation am besten, wenn ich im Schneider- oder Lotussitz in der freien Natur sitze – am Strand oder im Wald unter Bäumen. Es ist am Anfang vielleicht hilfreich, wenn du dir einen Platz suchst, an dem du ganz für dich bist und dich niemand hört, damit du vollkommen bei dir bleiben und deine Töne frei aus dir strömen lassen kannst.

Wenn du bereit bist, atme tief und bewusst ein und lasse mit dem Ausatmen Töne aus dir herausfließen. Halte den Mund dabei leicht geöffnet.

Beobachte, wo die Töne herkommen. Kommen sie tief aus deinem Bauch? Oder eher aus deinem Hals? Oder aus deinem Kopf? Sind sie tief? Oder hoch?

Wenn du ganz entspannt und locker bist, spürst du nach einer Weile vielleicht, wie dein ganzer Bauchraum vibriert und mitschwingt, wenn die Töne tief aus ihm aufsteigen. Dein gesamter Körper schwingt wie der Klangkörper einer Gitarre. Bringe dich zum Klingen, tief von Innen heraus, und spiele mit den Tönen.

Die Töne können dich mit deinem inneren „Bauch-Wissen" in

Verbindung bringen. Diese tiefe innere Kraftquelle geht weit über das Wissen und die Informationen hinaus, die in deinem Kopf, in deinem Gedächtnis gespeichert sind. So erhältst du viele wertvolle Antworten und Informationen über dich und andere und deinen Weg.

Vielleicht wirst du feststellen, dass die Töne eher aus deinem Kopf oder deinem Hals kommen, wenn du angespannt, gestresst oder genervt bist. Je tiefer sie aus dir aufsteigen, umso mehr kommst du in deine Mitte, zu deiner inneren Quelle der Kraft. Spiele mit deinen Tönen, wann immer du aufgeregt, unentschlossen, ärgerlich, „schlecht drauf" bist – oder einfach so, um dich selbst ein Stück mehr kennen zu lernen und Spaß zu haben.

Klangschalenmeditation

Mach es dir bequem. Lege die Klangschale auf deine geöffnete Handfläche, ein festes Kissen oder auf deinen Bauch (wenn du auf dem Rücken liegst). Bringe die Schale mit einem Klöppel zum Schwingen und lausche dem Klang.

Spürst du das leichte Zittern des Tones auf deiner Hand bzw. in deinem Körper?

Wie verändert sich der Klang?

Wie viele Atemzüge lang schwingt der Ton?

Was verändert sich, wenn sich deine Finger um die Schale schließen?

Wann schwingt der Klang am lautesten oder am längsten?

Kannst du hören, dass der Klang aus mehreren verschiedenen Tönen besteht?

Lausche dem Ton nach, bis er vollkommen verklungen ist. Fühle, wie still es ist...

Wenn du willst, kannst du nach und nach mit verschiedenen Dingen experimentieren: höre, wie der Klang sich verändert, wenn du zum Beispiel Wasser in die Schale füllst. Oder wenn du die Schale auf verschiedene Körperteile, Materialien stellst. Wie verändert sich der Klang in verschiedenen Räumen – in kleinen/großen Zimmern, im Freien, unter Bäumen, am Wasser, auf Steinen...? Was geschieht, wenn du die Schale mit verschiedenen Klöppeln anschlägst? Kannst du den Klang der

Schale „ewig" tönen lassen, indem du den Klöppel mit sanftem, aber festem Druck außen am Rand der Schale kreisen lässt? Der Ton wird dann sehr intensiv, und mit ein bisschen Übung kannst du spüren, wie alles im Umkreis ins Schwingen gerät.

Lasse deiner Phantasie freien Lauf, und folge dem Klang...

Delphinatmen

Delphine haben die Menschen schon seit Urzeiten fasziniert. Es gibt zahlreiche Geschichten und Legenden über ihre Verbindung zu uns Menschen. Sie strahlen eine spielerische Leichtigkeit und lebendige Lebensfreude aus, die uns magisch anzieht. Wie wir Menschen atmen die Delphine Luft. Da sie im Wasser leben, müssen sie dazu an die Wasseroberfläche kommen. Die Delphine atmen tief ein, halten ihren Atem an, während sie unter Wasser sind, und atmen dann explosionsartig aus, wenn sie wieder an die Oberfläche zurückkommen. Beim Einatmen tauschen sie 90 Prozent der Luft in ihren Lungen aus und erhalten so eine hohe Dosis an Sauerstoff. Wir Menschen tauschen pro Atemzug nur etwa fünf bis fünfzehn Prozent unserer Atemluft aus. Manche vermuten, dass die Delphine durch ihre besondere Art zu Atmen im Vergleich zu uns Menschen ein erweitertes Bewusstsein haben. Delphine können ihren Atem unter Wasser lange Zeit anhalten: je nach Art von sieben Minuten bis zu etwa einer Stunde! Während die Delphine eine starke Verbindung zur Luft erhalten haben, fühlen wir Menschen uns oft stark zum Wasser hingezogen. Unsere Zellen bestehen hauptsächlich aus Wasser, unsere Tränen haben fast den gleichen Salzgehalt und die gleiche Zusammensetzung wie Meereswasser. Ich bin überzeugt, dass wir mehr über uns selbst und das Leben lernen, wenn wir mehr über die Art und Weise erfahren, wie Delphine atmen. Sicher ist jedoch, dass das Delphinatmen uns dabei hilft, uns wacher, klarer und fröhlicher zu fühlen. Da es beim Atmen vor allem auch um Sauerstoffaufnahme für unser Gehirn geht, empfiehlt es sich, die folgenden Atemexperimente im Freien (oder zumindest bei weit geöffnetem Fenster) zu machen.

Delphinatmen 1

Mache es dir bequem, so dass dein Atem frei fließen kann. Atme tief durch die Nase ein – zähle dabei leise in deinem Kopf auf Vier – und halte dann den Atem weitere vier Schläge lang an. Atme nun in einem kräftigen Stoß acht Schläge lang durch den leicht geöffneten Mund aus, als ob du 40 Kerzen auf einem Geburtstagskuchen mit einem Atemzug ausblasen wolltest. Wiederhole dieses Atemmuster in Vierersets, so oft es dir gut tut.

Dieser Atemrhythmus ist sehr hilfreich, wenn du gestresst, verspannt, unruhig, ängstlich, wütend order Ähnliches bist. Ich wende ihn oft an, wenn ich unterwegs bin, warten muss, viele Informationen aufnehmen und mir merken soll (also gut für jede Art von Lernen!), oder immer, wenn ich mich erleichtern und von unguten Gefühlen befreien möchte. Du wirst schon nach kurzer Zeit merken, wie frei und klar und gut gelaunt du dich fühlst.

Delphinatmen 2[1]

Suche dir einen Platz, an dem du ungestört bist, und mache

---

[1] Inspiration: *Iruka No Kokyo*, nach James Deacon

es dir bequem. Wenn du bereit bist, beobachte eine Zeitlang deinen Atem, wie er in dich hinein- und wieder herausfließt. Lasse ihn einfach sein, du musst nichts tun, beobachte nur...

Nach einer Weile kannst du anfangen dir vorzustellen, dass du oben auf der Mitte deines Kopfes ein Blasloch hast wie ein Delphin. Spürst du es? Beim Einatmen öffnet es sich weit. Du atmest ganz leicht und mühelos durch dein Blasloch. Fühle, wie die Energie in dich einströmt... Sie fließt durch deinen Kopf in deine Lungen und versorgt deinen Körper mit neuer Energie und Kraft... Beim Ausatmen schießt alles, was dir nicht gut tut, wie eine Wasserfontäne oben aus deinem Blasloch. Dein ganzer Körper wird entladen und von allen Lasten befreit. Und dann strömt wieder frische, wohltuende Energie mit dem Einatmen durch dein Blasloch in deinen Kopf...

Atme so lange durch dein Blasloch, wie du kannst und Lust hast! So versorgst du deinen Körper nicht nur mit Sauerstoff, sondern auch mit kosmischer Lebensenergie, damit du stark und in Balance bist. Wenn du willst, kannst du auch das obige Zählmuster mit diesem Atemexperiment verbinden und ausprobieren, ob es dir gut tut.

Gehmeditation

Du kannst diese Meditation überall machen: drinnen oder draußen, auf der Straße, im Wald, selbst beim Treppensteigen – überall, wo du gehen und Schritte machen kannst. Am Anfang wird es dir jedoch vielleicht am leichtesten fallen, wenn du einen Platz wählst, an dem du dich ganz auf dich konzentrieren kannst.

Gehe zunächst in einem normalen Rhythmus vorwärts. Halte dich aufrecht, und gleichzeitig ganz gelöst, den Blick nach vorne gerichtet, ohne wirklich etwas anzuschauen. Lass dich einfach treiben.

Jetzt kannst du anfangen, immer langsamer zu gehen. Vielleicht kommst du an einem bestimmten Punkt „ins Schwanken", und deine Schritte werden wackelig und unsicher. Wenn dies geschieht, gehe wieder ein wenig schneller, bis du einen Rhythmus gefunden hast, bei dem du dich frei und gut fühlst.

Beobachte nun deinen Körper. Fließt dein Atem leicht und gleichmäßig? Tief oder flach? Kannst du spüren, wie dein Fuß mit der Ferse auf den Boden aufsetzt und dann langsam bis zu den Zehenspitzen hin abrollt?

Fühle das Gewicht deines Körpers auf den Füßen... Ist es gleichmäßig auf der ganzen Sohle verteilt? Oder gehst du mehr auf der Außen- oder der Innenseite des Fußes?

Wie bewegen sich deine Knie?

Spürst du, wie deine Hüfte sich langsam von einer Seite zur anderen schiebt?

Wie fühlt sich dein Rücken an? Deine Arme? Dein Kopf?

Nach einer Weile wirst du merken, dass sich ganz von alleine eine ruhig fließende Balance beim Gehen einstellt. Deine Schritte fließen leicht und entspannt, wie dein Atem…

Wenn du bereit bist, in deinem Rhythmus, dann lasse die Bewegung langsam und allmählich zu einem Stillstand kommen. Stehe locker und gerade, das Gewicht auf beide Füße verteilt. Spüre den Unterschied zur Bewegung…

Mit zunehmender Übung wirst du wahrscheinlich immer langsamer und mit ruhiger Kraft gehen können. Wenn du willst, kannst du dann allmählich verschiedene Dinge ausprobieren. Du kannst zum Beispiel deinen Atemrhythmus mit deinen Schritten verbinden: einen Schritt einatmen, einen Schritt ausatmen. Wenn dir dies gelingt, kannst du die Schrittzahl pro Atemzug erhöhen: 2-3-4 Schritte einatmen, 2-3-4 Schritte ausatmen.

Du kannst auch mit verschiedenen Körperstellungen experimentieren: Was geschieht zum Beispiel, wenn du deinen Kopf leicht bewegst, nach vorne oder seitwärts neigst, ihn kreisen lässt, deine Arme nach vorne streckst, die Luft anhältst, den Bauch einziehst, und so weiter?

Diese Meditation kann dir nach einiger Übung schnell und unkompliziert helfen, ins Gleichgewicht und in deine Kraft zu kommen. Du kannst sie immer und überall machen, und vor allem wenn du dich unwohl, gestresst, wütend und unausgeglichen fühlst.

Wirbelwind

Die Wirbelwind-Drehmeditation macht viel Spaß, und bestimmt hast du sie schon oft einfach so gemacht!

Breite deine Arme wie Flügel zu beiden Seiten des Körpers aus und beginne, dich wie ein Kreisel um dich selbst zu drehen. Das Drehen sollte im Gleichklang mit der Erddrehung (von Westen nach Osten) geschehen: Wenn du dich auf der Nordhalbkugel der Erde befindest, drehe dich also gegen die Uhr, auf der Südhalbkugel im Uhrzeigersinn. Du kannst langsam beginnen und dann immer schneller werden. Wichtig ist, dass du nicht das Gleichgewicht verlierst und umfällst, sondern einen Drehrhythmus findest, bei dem du das Gefühl hast, „ewig" kreiseln zu können.

Versuche, deine Füße auf einem möglichst kleinen Kreis trippeln zu lassen, und lasse deinen Atem so langsam wie möglich fließen. Und nun wirble und tanze, bis du frisch und „aufgedreht" langsam zum Stillstand kommen möchtest...

Wenn dir schwindlig wird, hier ein hilfreicher Trick: halte an, lege deine Handflächen wie beim Beten in Höhe deines Gesichtes aneinander und schaue nur auf die Daumen.

Alles in und um uns dreht sich, denn alles besteht aus winzig kleinen schwingenden Teilchen, die mal dichter, mal weniger dicht um sich selbst tanzen. Diese Form der Meditation regt alles in uns zum Schwingen an und verstärkt die schon vorhandenen Drehbewegungen in uns. Deswegen eignet sie sich besonders gut, wenn du dich müde und schlapp fühlst, aber auch wenn du traurig, bedrückt oder ratlos bist. Vorsichtig angewandt kannst du auch deine inneren Heilkräfte mobilisieren. Wenn du krank bist, solltest du allerdings umso mehr auf die Signale deines Körpers achten, der dir sagen wird, was dir GUT tut! Höre auf ihn und stoppe bitte sofort, wenn irgendetwas wehtut, dir schwindelig ist oder es sich einfach nicht richtig anfühlt.

Schwingen

Setze dich bequem und mit aufrechtem Rücken auf den Boden. Wenn du bereit bist, halte mit einem Finger dein linkes Nasenloch zu und atme tief durch dein rechtes Nasenloch ein. Verschließe nun dein rechtes Nasenloch und atme durch das linke aus. Lasse deinen Finger am rechten Nasenloch und atme tief durch das linke Nasenloch ein. Wechsle deinen Finger wieder zum linken Nasenloch und atme durch das rechte Nasenloch aus. Dein Finger kann am linken Nasenloch bleiben, während du durch das rechte tief einatmest. Wechsle dann wieder den Finger und halte dein rechtes Nasenloch zu, während du durch das linke ausatmest. Durch das linke wieder einatmen, dann das linke Nasenloch verschließen, und durch das rechte wieder ausatmen. Rechts einatmen, Finger wechseln, links ausatmen. Links einatmen, Finger wechseln, rechts ausatmen. Und wieder rechts einatmen, Finger wechseln, links ausatmen, usw.

Wiederhole diesen Atemrhythmus etwa zehn Mal oder so lange es dir Spaß macht.

Wenn du diese Wechselatmung ohne Probleme beherrschst, kannst du damit beginnen, deinen Oberkörper langsam vor und zurück zu schwingen. Neige dich nicht zu weit nach vorne oder hinten, sondern pendle dich in eine sanfte Wiegebewegung ein, etwa zwei Sekunden für eine Strecke. Mache dies ein paar Mal – du wirst fühlen, wie oft es für dich stimmt.

Schwinge deinen Oberkörper dann im selben Rhythmus in einer seitlichen Pendelbewegung hin und her. Wiege dich sanft ein paar Mal von einer Seite zur anderen, bevor du dich wieder in die Vorwärts-/Rückwärtsbewegung einschwingst. Schwinge so lange, wie es dir gut tut und Spaß macht, und atme dabei die ganze Zeit wie anfangs beschrieben.

Das Schwingen des Oberkörpers in Form eines Kreuzes wird seit Jahrhunderten von vielen Weisheitssuchern angewandt, um sich mit der Quelle von Weisheit und Lebenskraft zu verbinden. Es hilft dabei, die wesentlichen Dinge des Lebens zu erkennen und ein glückliches, gesundes Leben führen zu können. Manche lassen zudem ihren Kopf auf den Schultern kreisen. Wenn du deinen eigenen Schwingrhythmus gefunden hast, mit dem du dich am wohlsten fühlst, kannst du zusätzlich mit dem Kopfkreisen experimentieren.

Das magische Auge

Fülle eine Schüssel mit Wasser und stelle sie etwa fünfzig Zentimeter vor dir auf. Lege einen farbigen Punkt (zum Beispiel ein Papierkonfetti) auf die Wasseroberfläche. Richte deine Augen auf den Punkt und schaue ihn an, OHNE zu blinzeln. Wenn deine Augen anfangen zu tränen, kneife sie ein wenig zusammen. Dadurch hört das Tränen auf.

Nach einer Weile wirst du wahrscheinlich neben dem Punkt andere Dinge sehen, die „aus dem Nichts" auftauchen. Konzentriere dich einfach weiter auf den Punkt! Die Übung endet, wenn du blinzeln musst.

Am Anfang schaffst du es vielleicht nur kurz, ohne Blinzeln zu schauen. Lasse dir Zeit und probiere es immer wieder. Indische Yogis können manchmal stundenlang fast ohne zu blinzeln verharren und sehen auf diese Weise feine Energieschwingungen und Dinge, die dem normalen Blick unsichtbar sind.

Energiereise

Suche dir einen schönen Gegenstand aus der Natur: einen Stein oder Kristall, eine Muschel, ein Stück Holz – was immer dich anzieht und anspricht. Dieser Gegenstand ist dein Führer auf dieser Energiereise. Verweile so lange, wie du willst, an den einzelnen Kraftpunkten deines Körpers.

Mache es dir bequem, am besten im Liegen. Wenn du magst, schließe die Augen.

Lege deinen besonderen Führer nun zwischen deine Beine. Lass deinen Atem langsam und tief ein- und ausströmen. Stelle dir nun da, wo dein Führer liegt, ein strahlend rotes Leuchtrad vor. Es dreht sich im Uhrzeigersinn. Mit dem Einatmen fließt rotes Licht in das Rad... mit dem Ausatmen strömt rotes Licht vom Rad deine Beine hinunter in die Erde... ein... und aus... sieh, wie leuchtend rot das Rad erstrahlt...

Wenn du bereit bist, lege deinen Führer auf deinen Bauch, etwa eine Handbreit unter deinem Bauchnabel. Atme tief in deinen Bauch. Stelle dir nun da, wo dein Führer liegt, ein sich drehendes Lichtrad vor. Wie ein Karussell wirbelt es herum und strahlt warm orangefarben. Mit dem Einatmen fließt orangefarbenes Licht in deinen Körper, mit dem Ausatmen lässt du orangefarbenes Licht ausströmen. Es spült alles aus dir heraus, was du nicht brauchst oder haben willst. Orangefarbenes Licht einatmen... orangefarbenes Licht ausatmen...

Wenn du bereit bist, kannst du deinen Führer nun auf deinen Nabel legen. Stelle dir hier ein goldgelbes Leuchtrad vor, das beim Drehen lustig tanzende Funken versprüht. Mit dem Einatmen entfachst du gelbstrahlendes Licht in deinem Bauch, mit dem Ausatmen verbrennst du alles, was dir nicht gut tut in dem gelben Leuchtfeuer. Gelb ein... gelb aus...

Wenn du bereit bist, lege deinen Führer jetzt auf die nächste Station, auf dein Brustbein in Höhe des Herzens. Stelle dir hier ein Leuchtrad vor, das lebensspendendes grünes Licht verströmt. Ziehe beim Einatmen das wohltuende grüne Licht tief in dich hinein, und lasse beim Ausatmen alles, was du nicht mehr brauchst, mit dem grünen Luftstrom aus dir herauswehen. Siehst du, wie sich das grüne Leuchtrad gleichmäßig und stark im Kreis dreht?

Wenn du bereit bist, kannst du deinen Führer nun in die kleine Kuhle legen, die deine Schlüsselbeine am Hals bilden. Stelle dir hier ein blau strahlendes Leuchtrad vor. Atme tief ein und aus, und lasse mit dem Einatmen reines Blau in dich einfließen. Das blaue Licht nimmt mit dem Ausatmen alles mit, was dich belastet, und reinigt dich durch und durch...

Wenn du bereit bist, lege deinen Führer auf den Punkt in der Mitte zwischen deinen Augenbrauen, manche nennen diese Stelle drittes Auge. Stelle dir hier ein blauviolettes Leuchtrad vor, das deinen ganzen Kopf durchstrahlt. Atme das tiefe, ruhige Blauviolett in dich ein. Spüre, wie die blaue Flamme dein Wesen reinigt und lasse mit dem Ausatmen alles, was du nicht mehr haben willst, aus dir ausströmen.

Wenn du bereit bist, lege deinen Führer als Nächstes ganz oben auf die Mitte deines Kopfes. Diese Stelle ist sehr empfindlich und bei kleinen Babys in den ersten Lebensmonaten noch geöffnet. Stelle dir hier ein kreisendes Leuchtrad vor, das seine Lichtstrahlen wie ein riesiger Schirm über deinen Kopf breitet. In der Mitte des Rades erstrahlt violettes Licht, das sich nach außen hin in allen Regenbogenfarben über dich ergießt. Atme dieses Lichterspiel tief in dich hinein. Lass es mit deinem Atem über dich fließen, wie eine warme wohltuende Dusche. Ein... und aus... Das Licht umstrahlt und durchstrahlt dich. Atme tief und gleichmäßig...

Du kannst deinen Führer nun in die Hand nehmen und dir vorstellen, dass von oben strahlend weißes Mondlicht in den obersten Punkt deines Kopfes eintritt und alle Leuchträder in ihrer Mitte durchfließt, bevor es in die Mutter Erde abfließt. Sieh, wie sich alle Leuchträder in ihren verschiedenen Farben in dir drehen und dein ganzes Wesen von dem glitzernden weißen Licht durchflutet ist...

Lass dir Zeit und komme in deinem Rhythmus zurück ins Außen.

Phantasiereisen

Der innere Delfin

Du sitzt auf einem Felsen und schaust in die Bucht hinunter. Die Wellen glitzern wie Tausende von Diamanten. Du hörst ihr sanftes Rauschen, wenn sie auf den Strand rollen.

Weit draußen im Meer entdeckst du eine kleine Gruppe springender Delfine. Sie spielen fröhlich und ausgelassen, springen hoch in die Luft und lassen sich mit einer eleganten Drehung zurück ins Wasser fallen. Die aufspritzenden Wassertropfen malen funkelnde Kristallbilder im Sonnenlicht.

Wie schön wäre es, jetzt mit ihnen in den Wellen herumzutoben...

Die Delfine bemerken dich und kommen näher. Neugierig schwimmen sie um dich herum. Bald bist du in ihrer Gruppe aufgenommen und fühlst dich wie einer von ihnen.

Die Delfine nehmen dich mit auf eine Reise. Du hältst dich an der Rückenflosse eines Delfins fest und wirst leicht und schnell durch die hohen Wellen gezogen. Du fühlst dich vollkommen sicher und geborgen, frei und unbeschwert...

Auf einmal werden die Delfine langsamer. Verwundert siehst du vor euch eine Insel mit großen grüngefächerten Palmen auftauchen. In ihrer Mitte steht ein prächtiger goldstrahlender Tempel.

Du läufst darauf zu und lässt dich von dem Licht leiten. Viele kleine hell klingende Glöckchen lassen eine zauberhafte Melodie erklingen und aus dem Inneren des Tempels strömt warmes regenbogenfarbenes Licht...

Im Tempel ist ein großer runder Raum. In seiner Mitte steht ein gleißend heller Kristall, ungefähr so groß wie du selbst. Langsam gehst du darauf zu.

Da hörst du auf einmal eine Stimme: "Berühre den Kristall. Er verleiht dir Kraft und Energie."

Eine Welle von Wärme und Stärke durchflutet deinen Körper, als du deine Hand auf den Stein legst.

„Gehe nun zur magischen Spirale", hörst du die Stimme wieder. „Wenn du dich in ihren Mittelpunkt stellst, wird alles in dir in Frieden und Leichtigkeit verwandelt."

Hinter dem Kristall erstrahlt ein bläulich schimmerndes Licht. Die feinen röhrenartigen Linien der Spirale scheinen leicht zu vibrieren. Du stellst dich in ihre Mitte. Sanft wie warmer Sommerregen fließt das blaue Licht von deinen Füßen den Rücken hinauf bis zum obersten Punkt deines Kopfes. Es reinigt dich durch und durch und erfüllt dich mit Frieden und Ruhe.

Frei und *erleichtert* schaust du dich im Raum um. Auf einem seidenen Kissen an der Wand sitzt ein strahlendes Lichtwesen, das du erst jetzt bemerkst. Es winkt dich heran und reicht dir eine helle Lichtkugel. Sie ist leicht und durchscheinend.

„Führe die Kugel in kreisenden Bewegungen um deinen ganzen Körper", sagt das Lichtwesen.

Mit dem Lichtball in den Händen umkreist du deinen Körper und ein feines silbriges Netz aus hell leuchtenden Lichtstrahlen bildet sich um dich, bis du vollkommen von einer Lichthülle umgeben bist.

„Die Lichthülle wird dich schützen vor allem, was dir nicht gut tut", erklärt das Lichtwesen. „Bleibe, solange es dir gefällt. Wann immer du dich mit neuer Kraft füllen und Ruhe und Frieden finden möchtest, bist du hier willkommen."

Frisch und *gestärkt* verabschiedest du dich und gehst zu den Delfinen zurück, die dich sicher und schnell durch die Wellen zurück zu deinem Sonnenplatz auf dem Felsen bringen.

Die Schmetterlingsfrau

Du gehst über eine Wiese. Weiche Grashalme kitzeln sanft an deinen Fußsohlen, das gleichmäßige Summen der Bienen und Käfer erfüllt die Luft und du spürst die wärmenden Sonnenstrahlen auf deiner Haut. Es duftet nach warmer Erde und frischen Erdbeeren.

Du kommst zu einem Baum. Er ist *groß* und *stark* und seine Zweige recken sich hoch in den Himmel. Unter seinen kräftigen Wurzeln entdeckst du eine moosbegrünte Öffnung. Du bückst dich hinunter und schaust hinein...

Es riecht angenehm, frisch und moosig. Du merkst auf einmal, dass du durch die Öffnung gehen kannst. Drinnen ist es angenehm *warm* und *friedlich*... Und wohl tuend still...

Nach einer Weile haben sich deine Augen an die Dunkelheit gewöhnt und du entdeckst eine hölzerne Leiter, die im Baum nach oben führt. Wo sie wohl hinführt? Neugierig beginnst du die Stufen hinauf zu steigen. Das Holz fühlt sich samtig und glatt an deinen Händen und Füßen an. Es riecht angenehm nach Harz und würzigen Tannennadeln...

Weit oben siehst du ein schwaches Licht, das mit jeder Stufe heller und strahlender wird. Je näher du kommst, umso mehr umhüllt dich das Licht. Die Strahlen fließen wie ein Wasserfall um deinen Körper und rieseln in bunten Lichtpunkten den Baumstamm hinunter.

Das Licht ist jetzt so hell und gleißend, dass du die Augen schließen musst.

Plötzlich endet die Leiter. Du bist an einer Plattform angekommen. Ein süßer wohl riechender Duft dringt in deine Nase. Als du die Augen öffnest, blickst du direkt in das strahlende Gesicht einer wunderschönen Frau.

„Schön, dass du gekommen bist", sagt die Frau und ihre Stimme klingt wie ein warmer Sommerwind.

„Wer bist du?"

„Ich bin die Schmetterlingsfrau."

Jetzt erst siehst du ihre Schmetterlingsflügel. Sie schillern in allen Farben, wie bunte Seifenblasenkugeln im Sonnenlicht.

Die Schmetterlingsfrau schaut dich liebevoll an und sagt: „Ich habe ein Geschenk für dich."

Sie deutet auf eine kleine Höhlung in der Rinde. Dort liegt eine gläserne Kugel, die wie ein Regenbogen schillert. Sanft sagt die Frau: „Schau hinein! *Jetzt*... siehst du etwas darin, das nur für dich bestimmt ist... etwas, das gut für dich ist... und dir hilft... Schau hinein..."

„Nimm die Bilder mit, damit du sie immer bei dir hast und dich daran erinnerst.

Du kannst immer wieder zu mir kommen, wenn du es brauchst", sagt die Schmetterlingsfrau leise.

Dankbar verabschiedest du dich von ihr und steigst die Leiter wieder hinunter.

Mit jedem Schritt wird das Strahlen schwächer. Doch du spürst die Wärme und das Leuchten in dir und weißt, dass du immer wieder an diesen Ort kommen kannst.

Delfinreise

Du bist in einer Hütte am Meer und schaust auf das Wasser, das in der Sonne glitzert und funkelt wie Diamanten.

Möwen schreien und du hörst das beruhigende Rauschen der Wellen.

Du gehst hinaus, vor die Hütte. Der Sand ist warm von der Sonne und rieselt dir sanft durch die Zehen. Du legst dich auf den Rücken und genießt die wohlige weiche Wärme der Sandkörner, die sich an deinen Körper schmiegen.

Über dir ziehen die Wolken... langsam... immer wieder neue Formen bildend.

Es riecht nach salzigem Meerwasser und Algen. Ein leichter Wind streichelt zart über deinen Körper...

Auf einmal hörst du ein langgezogenes Pfeifen. Vor dir im Meer siehst du eine Flosse aus dem Wasser ragen. Ganz nahe am Strand bewegt sie sich mit geschmeidigen fließenden Bewegungen hin und her – und immer wieder hörst du das langgezogene Pfeifen. Es klingt wie ein Rufen...

Du gehst ins Wasser, das angenehm kühl und weich deine Füße umspült. Die Flosse gehört zu einem Delfin. Ob er dich gerufen hat?

Als du näher kommst, bleibt er ruhig im Wasser liegen und scheint dich anzulächeln.

Jetzt bist du schon so nahe, dass du ihn fast berühren kannst. Seine dunklen Augen blicken dich tief und voller Liebe an.

Der Delfin schwimmt auf dich zu und du fühlst seine glatte Haut an deinen Beinen, als er sanft an dir vorbeigleitet. Er schwimmt einmal um dich herum, dann lässt er sich neben dir an der Wasseroberfläche treiben und du kannst seine Rückenflosse greifen. Vertrauensvoll hältst du dich an ihm fest. Seine Flosse fühlt sich angenehm und seidig an.

Der Delfin stößt einen freudigen Laut aus. Langsam setzt er sich in Bewegung und ihr gleitet sanft und sicher in wellenförmigen Bahnen durch das Wasser.

Du spürst die *Kraft* und Lebendigkeit des Delfins in deinem Körper. Du fühlst seine *Freude* und seinen *Spaß* an der Geschwindigkeit. Wie ein Pfeil schießt ihr gemeinsam durch das Wasser.

Dann beginnt der Delfin mit dir ins Wasser hinab zu tauchen.

Das Meer ist endlos weit. Ihr scheint durchs Wasser zu fliegen. *Frei* und *glücklich*.

Vor euch taucht auf einmal ein großer Felsen auf. Algen, Seegras und Korallen wiegen sich sanft hin und her. Bunte Fische lassen sich im Spiel der Wellen treiben und kleine Seepferdchen tanzen lustig im Wasser.

Der Delfin schwimmt mit dir zu einer Öffnung im Felsen und du hörst eine wunderbare Melodie. Sie führt euch zu einem hell leuchtenden Platz, wo eine Gruppe spielender Delfine übermütig und fröhlich im Wasser umhertollt.

Es macht Spaß ihnen zuzuschauen, ihre Freude zu spüren. Sie laden dich ein, dabei zu sein und mitzuspielen...

Als du genug hast, löst du dich von der Gruppe. Die Delfine winken dir mit den Flossen und begleiten dich und deinen Delfin noch ein Stück aus dem Felsen hinaus, bis ihr wieder im offenen Meer seid.

Mit gleichmäßigen Bewegungen gleitet ihr durchs Wasser zurück zum Strand.

Du verabschiedest dich von deinem Delfinfreund. Er grüßt dich mit einem langgezogenen Pfeifton und du weißt, dass er dich immer mit auf eine Reise nehmen wird, wenn du ihn brauchst.

Am Ende des Regenbogens

Du sitzt am Fenster und schaust hinaus. Es hat geregnet und die Luft ist klar und frisch. Am Horizont siehst du einen Regenbogen auftauchen: zuerst blau, dann grün, gelb, orange, rot – die Farben verschmelzen miteinander und spannen einen wunderschönen zarten Bogen am Himmel.

Da hörst du auf einmal eine leise Stimme: „Willst du mit mir zum Regenbogen fliegen?"

Ein kleiner Vogel sitzt auf dem Fensterbrett in deiner Nähe. Ob die Stimme von ihm kommt?

„Ja", hörst du die zarte Antwort auf deine stumme Frage. Und während du noch überlegst, wie du auf einem so kleinen Vogel fliegen sollst, merkst du, dass der Vogel immer größer und größer wird. Bald seid ihr beide gleich groß und du kannst bequem in seine seidigen Federn greifen und dich auf seinen Rücken schwingen.

Der kleine Vogel erhebt sich mit dir in die Lüfte und schwebt hoch, den Wolken entgegen. Seine Flügel schwingen gleichmäßig und ruhig auf und ab. Weit unten siehst du die Erde und alles auf ihr ist winzig klein...

Ihr schwebt immer höher und höher, bis vor euch eine rosafarbene Wolke auftaucht. Der kleine Vogel fliegt zu ihr hin und landet. Behutsam setzt er dich ab und deine Füße berühren die Wolke, die sich wie ein samtiges Kaninchenfell anfühlt.

„Wo sind wir?" fragst du.

„Am Ende des Regenbogens", sagt dein Federfreund.

Da entdeckst du die leuchtend bunten Strahlenbahnen, die sich über den Himmel wölben. Die rosafarbene Bahn führt zu deiner Wolke. Neben dir schweben noch viele andere Wolken, jede in einer anderen Farbe.

Und dann bemerkst du in der Mitte eine ganz besondere Wolke. Sie erstrahlt in goldenem Glanz und versprüht helle Lichtfunken wie ein Sprühregen kleiner funkelnder Sterne.

„Dies ist die goldene Quelle des Lebens", sagt der kleine Vogel.
„Hier findest du, was immer du suchst."

„Wie meinst du das?" fragst du.

„Hier findest du Trost...

hier findest du Rat...

hier findest du Frieden...

hier findest du Mut und Zuversicht...

hier findest du Wärme und Geborgenheit...

hier findest du Licht...

hier findest du Ruhe...

hier findest du Vertrauen...

hier findest du Liebe...

Jeder Lichtpunkt, der aus dieser Quelle sprudelt, ist ein Geschenk an alles, was lebt", spricht der kleine Vogel weiter. „Wenn du willst, bringe ich dich dorthin. Wenn du einen der goldenen Funken fängst, kannst du dir etwas wünschen!"

Der kleine Vogel fliegt mit dir hinüber zur Quelle des Lebens. Je näher ihr herankommt, umso heller und strahlender wird das Goldlicht. Du spürst die angenehme Wärme und die sprühende Lebendigkeit der Lichtfontänen, die wie ein Springbrunnen aus der Mitte der Quelle empor sprudeln.

Du streckst deine Hand aus und versuchst einen der Funken zu erreichen. Die tanzenden Lichtblitze sind gar nicht so leicht zu erwischen...

Doch dann öffnest du einfach deine Finger und lässt deine Handfläche ganz ruhig in der Luft liegen. Und da fliegt dir auf einmal ein kleiner hell strahlender Goldpunkt in die Hand. Er fühlt sich angenehm prickelnd und gleichzeitig hauchzart an.

„Lege ihn auf dein Herz und wenn du eine Frage oder einen Wunsch hast, dann kannst du jetzt daran denken und du wirst eine Antwort erhalten", sagt der kleine Vogel.

Wie im Traum schwebt ihr durch das Wolkenmeer aus schillernden Farben wieder zurück. Als du dich noch einmal umdrehst, siehst du in der Mitte das goldene Leuchtfeuerwerk.

Zufrieden kuschelst du dich in die weichen Federn des Vogels und lässt dich tragen, ... bis er dich sanft wieder auf dem Fensterbrett absetzt.

„Danke", sagst du zu ihm und verabschiedest dich.

„Du kannst mich immer in deine Gedanken rufen, wenn du mich brauchst, dann fliegen wir zur goldenen Quelle am Ende des Regenbogens", sagt der kleine Vogel - und fliegt davon.

„Ich bin in meinem Element“

In diesem Abschnitt kannst du herausfinden, in welchem Element du dich am wohlsten fühlst. Wir alle haben verschiedene Vorlieben und Neigungen. Manche Menschen sind Luftikusse, die sich von einem zum anderen Ereignis wehen lassen, manche sind felsenfest in ihren Meinungen oder tief in der Erde verwurzelt. Manche sind feurig und explosiv, manche stehen unverrückbar und beständig wie ein Fels in der Brandung des Lebens. Unsere Sprache spiegelt diese verschiedenen Aspekte wider. Natürlich haben wir meistens nicht nur einen Aspekt in uns. Es gibt jedoch häufig ein Element, zu dem wir uns am meisten hingezogen fühlen. Wenn du dein Element kennst, kannst du dieses Wissen in vielen Lebensdingen nutzen. Du lernst deine Stärken und Schwächen besser kennen, weißt, welches Element dir besonders helfen und dich heilen kann und wie du die Waage deines inneren Gleichgewichts ausbalancieren kannst. Bei jedem Element findest du hierfür ein paar Beispiele. Viel Spaß beim Entdecken!

Luft

Du stehst auf einem Felsen hoch oben in den Bergen. Der strahlend blaue Himmel über dir scheint zum Greifen nah. Dein Blick fliegt über schneebedeckte Gipfel hinunter in grüne Täler bis hin zum türkis leuchtenden Meer in der Ferne... Ein frischer Südwind spielt mit deinen Haaren. Er trägt den würzigen Duft von Bergthymian zu dir. Tief atmest du die wohltuende Schneeluft in deine Lungen. Über dir zieht ein großer Vogel seine Kreise. Mit ausgebreiteten Schwingen surft er auf dem Wind. Ein paar Flügelschläge bringen ihn in die Strömung des Windes, und er lässt sich fast bewegungslos mittragen, schnell wie ein Pfeil, bevor er sich mit kraftvollen langsamen Flügelschlägen am Berghang wieder nach oben gleiten lässt. Er spielt mit dem Wind und der Wind spielt mit ihm. Sie tanzen zusammen...

Du breitest deine Arme aus und drehst dich langsam um dich selbst wie ein Kreisel. Der Wind umspielt deinen Körper und plötzlich fühlst du, wie er dich sanft emporhebt... Du kannst fliegen! Der Wind bläst dich leicht und verspielt in die Weite des Himmels. Er trägt dich, und du fühlst dich frei und losgelöst, während du wie ein Vogel durch die Lüfte schwebst. Du spürst, wie du mit den Bewegungen des Windes mitgehen kannst, einfach mitgleiten in seinen Strömungen. Mal wirst du vollkommen ohne eigene Anstrengung getragen und schwebst wie ein Blatt im Wind. Mal bringst du dich mit kraftvollen ruhigen Armschlägen in den Windstrom zurück...

Auf und ab, hin und her. Der Wind zeigt dir weit entfernte Gegenden, neuartige, unbekannte Düfte und exotische Gerüche, Tiere, die du nur aus Büchern kennst... Er erzählt dir Geschichten und Abenteuer von seinen Reisen um die Welt. Er nimmt dich mit in einsame Hochtäler, in denen wilde Pferdeherden frei und ungezähmt auf saftig grünen Wiesen weiden. Er fegt mit dir weite Strecken über tiefblaue Meereswellen, die so hoch sind, dass selbst große Tankschiffe klein und unbedeutend aussehen.

Du bist ein Teil des Windes, du tanzt mit ihm und er mit dir – wie er mit dem Vogel, den Wellen und den Blättern tanzt. Tiere, Pflanzen, alles, was lebt, ist verbunden durch den Atem des Windes. Du atmest dieselbe Luft wie deine Familie, wie deine Freunde, die vielleicht in einem anderen Land leben, wie der Elefant in Afrika, der Tiger in Indien oder der Wal im großen Ozean.

Du bist frei wie der Wind, kannst in alle Winkel und Ecken wehen und deine Gedanken ziehen lassen. Wer könnte den Wind einsperren oder festhalten! Fliege und tanze mit dem Wind wie ein Vogel, atme den Wind und lass dich empor tragen, grenzenlos frei...

Wenn du bereit bist, komme zurück in die äußere Welt... Nimm das Gefühl der grenzenlosen Freiheit und Leichtigkeit mit.

Gehörst du zur Luftfamilie?

Machst du gerne viele verschiedene Dinge? Probierst du gerne Neues aus, experimentierst herum und lässt dich von einem Ereignis zum nächsten treiben wie ein Schmetterling, der von Blume zu Blume flattert? Vielleicht liebst du den Wechsel in allen Lebensdingen: deine Launen wechseln von himmelhoch jauchzend zu tief betrübt, ebenso wie deine Vorlieben für Kleider und Farben, deine Projekte und Interessen, manchmal auch deine Freunde. Lässt du dich schnell begeistern und mitreißen, wenn etwas interessant und spannend klingt und Abenteuer, Spiel und Spaß verspricht?

Angehörige der Luftfamilie reisen im Allgemeinen gerne und erkunden neugierig Unbekanntes und Unerforschtes. Wie der Wind können sie in jede Ritze blasen, verweilen jedoch nie zu lange an einem Ort.

Hast du immer wieder neue Ideen und Gedankenblitze? Und wenn deine Umgebung dich auf ein bestimmtes Projekt anspricht, bist du schon längst beim nächsten? LufttänzerInnen folgen ihren spontanen Einfällen, spielen gerne mit allem und jedem, und lassen sich nicht gerne festlegen. Wie der Wind können sie sehr wechselhaft sein und unterschiedliche Gestalt annehmen, von sanfter Frühlingsbrise bis hin zu brausendem Wirbelsturm. Wie ein fröhlicher Herbstwind, der den Leuten übermütig die Hüte vom Kopf bläst, sind sie sehr verspielt und lieben Späße.

Die Sprache des Windes

Der Wind kann uns viele besondere Dinge lernen, auch wenn wir nicht zur Luftfamilie gehören. Er zeigt uns zum Beispiel, dass es manchmal wichtig ist, loszulassen und biegsam zu sein wie der Bambus. Wenn der Wind stark von vorne bläst, das heißt, wenn du Schwierigkeiten hast, es sich anfühlt, als ob du dauernd Gegenwind in deinem Leben hast, ist es oft hilfreich, wenn du nicht dagegen ankämpfst. Es kostet dich unnötig Kraft und Energie, wenn du dich gegen Dinge auflehnst, die nicht zu ändern sind. Der Wind weht, mal leicht, mal stark. Hast du schon einmal versucht, dich bei Sturmwetter mit dem Rücken „auf den Wind zu legen" und dich tragen zu lassen? Wenn du dich von ihm tragen lässt, kannst du auf seinen Energien mitreiten. Statt dass er dir unangenehm ins Gesicht pustet und die kalte Luft dir fast den Atem nimmt, leiht er dir seine Kraft und unterstützt dich.

Die Vögel, unsere Verwandten in der Luft, kennen die Sprache und Geheimnisse des Windes wie kaum ein anderes Wesen auf Erden. Wenn sie im Spätsommer zu ihren langen Wanderungen in wärmere Gebiete auf der anderen Erdhalbkugel aufbrechen, ist der Wind ihr treuer Begleiter. Ohne seine Hilfe könnten sie die weiten Strecken kaum bewältigen. Sie wissen, wie sie sich tragen und treiben lassen können, um mit den Kräften des Windes durch die Lüfte zu segeln.

Tanze leicht und biegsam im Wind hin und her wie ein Bambusrohr. Beobachte die Zweige eines Baumes, die im Sturm hin- und hergerüttelt werden. Sie folgen den Bewegungen des Windes, damit die Äste nicht abknicken und zerbrechen, und sind doch fest mit dem Stamm und Mutter Erde verbunden. Verbinde dich fest mit deiner inneren Kraftquelle, dann kannst du auch durch den stärksten Lebensturm tanzen, ohne dass er dich bricht oder verweht.

Tanze mit dem Wind und höre auf seine Geschichten, dann wird er viele Weisheiten und Ideen mit dir teilen.

Balance für Luftikusse

Wenn du ein Luftkind bist und die luftigen Seiten des Lebens magst, kann es sein, dass du manchmal einen Ausgleich brauchst, um nicht zu sehr „abzuheben" und aus dem Gleichgewicht zu geraten. Sonst flatterst du vielleicht von einer Idee zur nächsten, setzt deine guten Einfälle jedoch nicht in die Tat um.

Luftmenschen tut es daher gut, mit der Erde in Kontakt zu sein. Du kannst dich zum Beispiel einfach auf den warmen Waldboden oder eine Wiese legen, oder du pflanzt etwas. Du kannst Samen in Blumentöpfen auf dem Balkon oder Fensterbrett pflanzen, Bäume im Stadtpark oder bei Pflanzprojekten mitmachen, die von Naturschutzgruppen, Schulen, und anderen Einrichtungen angeboten werden. Du kannst Freunde und Bekannte fragen, ob sie dir ein Stück Land zur Verfügung stellen, wo du – vielleicht gemeinsam mit deinen Freunden – einen kleinen Garten, Zauberwald oder was auch immer einrichten kannst. Es macht riesigen Spaß, so ein

Projekt zu planen und dann zu sehen und dabei zu sein, wie es wächst. Wann immer du dich angestrengt und gestresst fühlst, werden dich diese Tätigkeiten ausbalancieren und dein inneres Gleichgewicht wiederherstellen.

Auch das Element Wasser kann eine ausgleichende Wirkung auf dich haben. Ein warmes Bad – vielleicht hast du sogar Thermalquellen in deiner Umgebung – wirkt manchmal Wunder. Wenn du in der Nähe von einem See, Meer oder Bach lebst, wird das gleichmäßige Geräusch der Brandung oder des fließenden Wassers dich innerlich ruhig und klar machen.

Wenn du Lust hast, kannst du ausprobieren, ob du die Trommelreise aus dem ersten Kapitel magst. Du kannst im Gleichklang mit dem Herzschlag von Mutter Erde spielen, wenn du Kraft und Stärke für dich brauchst, oder ein Projekt, eine Arbeit, eine Situation meistern möchtest.

Zusätzlich, oder wenn du zum Beispiel keine Zeit oder Möglichkeit hast, zu pflanzen, baden oder trommeln, kannst du dir ein Fläschchen mit reinem Eukalyptusöl besorgen (lassen). Der Duft von Eukalyptus bringt Luftkinder „auf die Erde" und in ihr inneres Gleichgewicht zurück. Du kannst dir das Öl entweder direkt auf den Körper auftupfen (Vorsicht: nicht zu viel, sonst brennt es) – zum Beispiel auf die Schläfen, Handgelenke oder auf deine Kleider – oder in einer Duftlampe abbrennen.

Du bist in einem dschungelähnlichen, üppig wuchernden Wald. Von den Bäumen hängen lange hellgrüne Flechten, die einen magischen Vorhang weben. Über dir spannen silbriggrüne Farnwedel ein Schirmdach. Die Luft ist warm und freundlich. Vögel singen ihre Melodien und pfeifen in ihren verschiedenen Sprachen. Sonnenstrahlen malen tanzende Muster auf den schmalen Pfad vor dir. Du hörst das leise Flüstern des Windes in den zartgrünen Blättern. Aus einem hohlen Baumstamm beobachtet dich ein kleines Eichhörnchen. Es macht lustige kleine Laute und zuckt interessiert mit der Spitze seines buschigen rotbraunen Schwanzes. Um den Stamm liegen ein paar aufgeknabberte Schalen von Baumfrüchten.

Der Weg schlängelt sich unter dem lichtdurchwobenen Blätterdach hinunter in eine kleine Schlucht. Ein klarer Bach sprudelt weißschäumend über abgerundete Felsbrocken. Die Sonne bringt die Wasseroberfläche wie flüssiges Silber zum Glänzen. Die vielen Wassertropfen im Bach rauschen mit fröhlichem, auf und ab wogendem Geplapper an dir vorbei. Wo sie wohl herkommen? Du beschließt, im Bachbett über die Felsen bachaufwärts zu klettern. Der erste Schritt ist eiskalt. Doch die schnelle Strömung und die vielen Blubberblasen massieren sanft deine Füße und Beine, und schon bald spürst du die Kälte nicht mehr. Es macht Spaß, von Stein zu Stein zu hüpfen. Die Steine sind von der Sonne erwärmt, manchmal mit weichem Moos bewachsen, manchmal von klarem Wasser überspült. Du suchst dir deinen Weg, immer weiter den Bach hinauf...

Auf einmal hörst du ein gleichmäßiges Tosen. Es wird immer lauter, bis sich nach einer Kurve ein paar gewaltige Felsbrocken vor dir auftürmen. Das Wasser findet in kleinen und größeren Rinnsalen seinen Weg über und durch die Steine hindurch. Du erkletterst einen der Felsen – und blickst direkt auf ein rundes Steinbecken hinunter, in das aus großer Höhe ein Vorhang aus weißglitzerndem Wasser hinabfällt. Das Wasser im Becken ist kristallklar und schillert grünblau. Du kannst weit unten die Felsen sehen, die den Boden des Pools bilden. In der Mitte, dort, wo das Wasser durch die von oben hinabspringenden Wassertropfen aufgewühlt und durcheinander gewirbelt wird, schäumt es weiß von all den Luftblasen. Ein durchsichtig scheinender Schleier aus winzigen Wassertröpfchen schwebt in der Luft und legt sich zartkühl auf deine Haut. Die Strahlen der Sonne zaubern einen leuchtenden Regenbogen auf den weißen Wasservorhang vor dir.

Du setzt dich auf ein weiches sonnenwarmes Moosfleckchen und schaust dem gleichmäßigen Fließen des Wassers zu. Hunderte von glitzernden Wassertropfen fallen von oben in den luftig wirbelnden Wassertrichter in der Mitte des Beckens. Ein Fluss, der nie aufhört...

Du fühlst die Kraft des Wassers in dir. Eine sanfte, starke Kraft. Weißschäumende Energie, die sich ihren eigenen Weg sucht, auch wenn Felsbrocken und andere Hindernisse sie aufzuhalten versuchen. Beständig und mit gleichmäßigem Fluss findet das Wasser seine Bahn, umspült Steine und Baumriesen, fließt durch kleine Ritzen und Öffnungen, ist stark genug, um Stämme und Schiffe zu tragen, verbindet weit entfernte Länder und die Zellen in unserem Körper...

Du bist das Wasser, das Wasser ist ein Teil von dir. Du bist der Wasserfall. Spüre, wie das Wasser von oben in dich einströmt, dich durchfließt und mit allem verbindet, was ist. Du bist eins mit dem Wasser, erlaube dir, einfach zu fließen, dich tragen zu lassen... Spüre die Kraft, die in dir fließt... die Kraft, die du bist...

Fühle, wie stark du bist, verbunden mit allem anderen.

Fühle, dass der Strom des Wassers immer fließt. Ein immerwährender Kreislauf von Bekommen und Schenken – ewig fließend...

Wenn du bereit bist, komme langsam zurück in deinen Körper. Nimm das Gefühl des Fließens und des Verbundenseins mit dir – und kehre zu deinem Kraftpool zurück, wann immer du Lust hast.

Gehörst du zur Wasserfamilie?

Wassermenschen plätschern lustig und verspielt durchs Leben wie ein klarer Bergbach. Sie sind offen und neugierig und lieben die Gesellschaft von anderen. Wenn du zur Wasserfamilie gehörst, kann es sein, dass du gerne anderen Wesen hilfst – egal ob Mensch, Tier oder Pflanzen. Du kannst dich gut einfühlen und andere beruhigen oder trösten.

Wie das Wasser fließen Wasserkinder gerne um Hindernisse und Probleme herum, sie lieben Harmonie und gehen einem direkten Streit lieber aus dem Weg. Sie sind sehr erfinderisch und haben eine enge Verbindung zur Mondin und ihren Energien. Wie Luftkinder mögen auch Wasserkinder nicht gerne festgehalten oder in ihren Phantasien gestoppt werden. Sie müssen frei fließen können, sonst stauen sich ihre Energien, wie Wasser in einem Stausee, und wenn die angestauten Energien dann plötzlich losplatzen, können sie vieles kaputt machen...

Wasserkinder haben oft besondere heilende Fähigkeiten – sei es durch bloßes Zuhören und Ratschläge-Erteilen oder zum Beispiel, indem sie heilende Energie durch ihre Hände fließen lassen.

Die Sprache des Wassers

Wasser ist Leben. Wenn wir den vielen Stimmen des Wassers zuhören, – dem Plätschern eines Baches, dem gleichmäßigen Rauschen der Wellen am Strand, dem Trommeln der Regentropfen ans Fenster, dem Tosen eines Wasserfalls –

erfahren wir viel über den Fluss des Lebens! Hast du schon mal eine tiefe Schlucht gesehen, in der weit unten ein klarer Bach fröhlich über Felsen dahinspringt? Viele, viele Wassertropfen, die sich beständig und fröhlich hüpfend von den Bergen hinunter zum Meer bewegen, haben im Laufe der Zeit tiefe Täler in die Felswände gegraben. Sie zeigen uns, dass wir mit sanfter Kraft und Beständigkeit mehr erreichen können, als mit reiner Körperkraft und Gewalt. Wenn wir uns verbinden mit allem, was uns umgibt, können wir sehr viel bewirken. Viele, viele Wassertropfen zusammen haben die Kraft, große Felsbrocken am Strand zu feinen Sandkörnern zu zerwaschen. So kannst auch du viel erreichen, wenn du deine Kräfte mit den Kräften der anderen verbindest. Gemeinsam seid ihr stark, und du kannst dich auch mal tragen lassen oder andere tragen.

Vom Wasser kannst du lernen, darauf zu vertrauen, dass dein Weg immer weiterfließt – egal, wie leicht oder schwer er dir vorkommt. Du bist Teil des großen Lebensflusses, auch wenn du auf einen Stein triffst, der dich abzubremsen oder zu blockieren scheint. Wir alle sind Teile des großen Lebenskreises auf der Erde, wie die Wassertropfen, die von der Wolke zur Erde kommen, ihre Reise zum Meer antreten und von dort irgendwann wieder durch die Sonne ihre Form wandeln und in den Himmel aufsteigen – bevor der nächste Kreislauf beginnt... So fließt auch deine Lebensreise immer weiter, und es liegt an dir, ob du dich von den Steinen, die auf deinem Weg liegen, abblocken lässt, oder wählst, sie zu umfließen.

Höre dem beruhigenden Rollen der Wellen oder dem

gleichmäßigen Murmeln eines Baches zu, wenn du Trost suchst. Lass dich im seichten, warmen Wasser treiben und tragen. Spüle alles, was dich bedrückt, im Wasser ab und lass dich von ihm reinigen... Das Wasser wird dich beruhigen, ausbalancieren, heilen, ermutigen, dir Rat geben, dich wieder einstimmen auf den Fluss des Lebens.

Balance für Wassermänner und -frauen

Wenn du ein Kind des Wassers bist, kann es manchmal sein, dass dein Wunsch, im Gleichklang mit anderen zu fließen, so groß ist, dass deine Grenzen zerfließen und du deine eigenen Bedürfnisse aus den Augen verlierst. Viele Wasserkinder müssen daher lernen, Grenzen zu ziehen und zu unterscheiden, damit sie ihre Einzigartigkeit wirklich auf die Erde bringen können. Wassermänner und -frauen scheinen auch oft dazu zu neigen, in Gefühlen zu zerfließen oder von ihren Gefühlen „fortgespült" und überwältigt zu werden. Darum ist es für Wassermenschen wichtig, ihrem Fluss gelegentlich feste Formen zu geben: Vielleicht macht es dir Spaß, zu malen, Musik zu machen, oder kreativ mit deinen Händen zu gestalten wie zum Beispiel beim Töpfern, Tonen, Mosaiklegen, Schnitzen, Skulpturenformen. Bei all diesen Ausdrucksmöglichkeiten kannst du deine fließende Kreativenergie mit körperlichem Tun und Gestalten verbinden: Lass deine Gedanken und Ideen frei fließen und bringe sie gleichzeitig in greifbarer Form auf die Erde.

Vielleicht tanzt du auch gerne und bewegst dich zu Musik.

Beim Tanzen können Wassermenschen ihre Bewegungen fließen lassen und ihre Gefühle gut ausdrücken, ohne sich jedoch zu verlieren: Dein Körper erinnert dich immer wieder an deine eigene Form und deine Möglichkeiten und lässt dich deinen Rhythmus und deine Bewegungsform, mit der du dich am wohlsten fühlst, erkennen.

Wichtig ist in jedem Fall, dass du körperliche Grenzen – in dir und um dich herum – kennen und erspüren lernst, und deine inneren Energien gleichzeitig frei fließen können. Sonst stauen sie sich vielleicht auf und wirken zerstörerisch. Wenn du das Gefühl hast, eine Welle von Gefühlen überspült dich und droht dich umzuwerfen, dann lass sie am Strand deiner kreativen Werke einfach auslaufen und zur Ruhe kommen: male, mache Musik, tanze, gehe spazieren – wozu auch immer du Lust hast! Du wirst sehen, es hilft dir.

Feuer

Es ist ein lauer milder Sommerabend. Der Sand unter deinen Füßen ist noch angenehm warm vom Sonnenschein des Tages. Ein letztes orangeglühendes Aufblitzen am Horizont, bevor nur noch rot-, pink- und goldenstrahlende Wolkengebilde von der Kraft der Sonne künden. Die Grillen beginnen ihren gleichmäßigen abendlichen Wellengesang. Ein Jasminbusch mit seinen weißen und zartrosafarbenen Blüten erfüllt die Luft mit honigsüßem Duft.

Die Nacht bricht langsam an und hüllt alles in ihren blauschwarzen Samtmantel, der mit Tausenden kleiner Glitzersternchen bestickt ist. Über dir siehst du die helle Bahn der Milchstraße funkeln, und der auffallend strahlende Stern da oben ist der Sirius...

Da dringt auf einmal würziger Holzrauch in deine Nase, und in der Ferne siehst du einen flackernden Feuerschein, der auf den Stämmen der Bäume tanzt. Du gehst darauf zu und kommst zu einer Lichtung. In ihrer Mitte brennt ein lustiges Lagerfeuer. Die Äste und Zweige sind sorgsam in Form eines Indianerzeltes aufgeschichtet worden. Im Inneren, dort wo das Feuer am heißesten brennt, siehst du die weißglühende Hitze pulsieren. Von diesem Zentrum aus fließen Flammen in verschiedenen Orangetönen wie Wellen über die dickeren Äste des Holztipis nach oben, bevor sie frei und ungebunden in dunklem Gelborange in den Himmel züngeln. Du hörst das Feuer knistern und knacken, manchmal auch sirren und zischen, wenn es auf saftige Holzteile stößt. Die Flammenwesen tanzen und feiern übermütig. Sie kennen ihre starke Kraft, die alles verwandeln kann. Ein Funkenregen sprüht plötzlich in die Luft, als ein großer Ast ächzend in die Flammen sinkt. Die heiße Luftwelle lässt dein Gesicht für kurze Zeit erglühen.

Schau in die tanzenden Flammen... Wenn du willst, kannst du *jetzt* alles, was dich bedrückt, ängstigt, schuldig oder krank macht, alles, was du nicht magst, ins Feuer geben...

Überlasse alles den Flammengeistern, damit sie es umwandeln – so wie sie Holz in feine Asche und Rauch verwandeln, bis nichts mehr von seiner ursprünglichen Form übrig bleibt. Stell dir vor, wie die Flammen deine Sorgen, deine Schuld, das, was dir Angst oder dich krank macht, aufnehmen und in ihrer Hitze auflösen. Sie sind machtvolle Zauberer, die alles verwandeln können.

Die Flammen sind ein Teil von dir, du bist ein Teil von ihnen. Fühle die Glut in dir... spüre die reinigende und heilende Kraft...

Wenn du bereit bist, komme zurück in die äußere Welt – fühle, wie die Kraft des Feuers dich tief gereinigt und befreit hat.

Gehörst du zur Feuerfamilie?

Hast du schon einmal den Ausdruck gehört: jemand spielt mit dem Feuer? Menschen, die mit dem Feuer spielen, lieben Abenteuer und scheuen im Allgemeinen auch kein Risiko, wenn ihnen ein bestimmtes Unternehmen interessant erscheint. Sie vertrauen auf ihre Stärken und sind überzeugt, dass sie mit ihren Kräften die Dinge verwandeln können. Sprühst du vor Ideen und bist gut im Organisieren und Planen, um sie verwirklichen zu können? Vielleicht kannst du andere auch gut begeistern und mitreißen, so dass sie sich dir anschließen und Feuer und Flamme für dein Projekt sind – so wie du selbst.

Feuerkinder experimentieren und spielen gerne mit den verschiedensten Sachen. Sie lieben es, ihre Umgebung zu verschönern und zu verwandeln. Bauen, Dekorieren, Partys, Schulfeste, Theater- oder Tanzaufführungen organisieren und mitgestalten, in Bands und Orchestern spielen – das alles sind Spielfelder für feurige Zeitgenossen. Dabei müssen sie nicht unbedingt im Mittelpunkt stehen, doch ihre glühende Begeisterung und ihr brennender Tatendrang sorgen oft dafür, dass sie ihr Team anführen, einfach weil die anderen nicht ebensoviel Energien aufbringen.

Manchmal verfliegt ihre Begeisterung allerdings schnell wieder – wie ein Strohfeuer, das kurz aufflackert und dann erlischt. Ihr Interesse muss immer wieder durch Neues, Reizvolles, Schönes entfacht und in Gang gehalten werden. Wenn kein Holz oder anderes Brennmaterial nachgelegt wird, geht das Feuer aus.

Feuermenschen sind sehr offen für alles Schöne, egal ob in der Natur oder künstlich geschaffen. Sie umgeben sich gerne mit schönen Dingen und schmücken sich und ihre Umgebung. Außerdem mögen sie im Allgemeinen die Wärme. Sonnenbaden und warme, feurige Farben und Klänge tun ihnen gut und erhellen ihre Laune.

Feuerwesen sehen die Dinge meist scharf und klar – es kann allerdings sein, dass deine Freunde manchmal kein Verständnis haben, wenn du direkt deine Meinung oder Sichtweise sagst, sondern sich verletzt fühlen. Als Kind des Feuers siehst du, wo Veränderungen anstehen, und zögerst nicht, das auch auszusprechen. Doch nicht immer kann deine Umgebung die wohlgemeinten und richtigen Hinweise auch annehmen.

Die Sprache des Feuers

Hast du schon mal ein Feuer gemacht? Zuerst Papier, Stroh, trockene Halme oder anderes leicht brennbares Material, dann sorgsam trockenes Holz darüber aufgeschichtet und schließlich angezündet? Hast du die unterschiedlichen Färbungen der Flammen gesehen – gelb bis dunkelorange, wenn sie nach oben auflodern, und weißglühend in der Mitte, wo es am heißesten ist? Feuer hat viele verschiedene Gesichter. Wenn wir offen sind, können wir viel über Verwandlung und Gegensätze von ihm lernen. Feuer schenkt uns Wärme, aber seine Hitze kann auch zerstören. Es kocht unsere Nahrung und macht Reiskörner und Kartoffeln erst essbar, doch es kann auch ganze Getreidefelder und Wälder mit seiner Macht verbrennen. Feuer verwandelt

Holz in feine Asche, hartes Metall in rotglühende Flüssigkeit, Eis in Wasser. Feuer ist Teil unseres Lebens, Teil der Erde: Wir leben auf einer dünnen, abgekühlten Kruste unseres Planeten, unter der heiße geschmolzene Schichten bis hin zum Erdkern brodeln.

Wenn wir lernen, die Sprache des Feuers zu verstehen, verstehen wir die Umwandlungen von Energie in unserem Leben besser. Wir lernen mit hohen Energien umzugehen, die sich in Form von intensiven Gefühlen ausdrücken, zum Beispiel wenn wir verliebt, wütend, verzweifelt, begeistert sind, so dass sie uns nähren und vorwärtsbringen, anstatt uns zu schaden und uns zu verbrennen. Wir lernen, nicht in Flammen aufzugehen, sondern unsere Flamme stattdessen so zu lenken, dass sie uns Wärme, Inspiration und Antrieb schenkt und uns nährt.

Beobachte das Feuer in seinen verschiedenen Formen, dann wirst du lernen zu unterscheiden und erkennen, wie du dein Feuer am besten erhältst. Entdecke das Feuer in dir, und erkunde, was es anfacht, was es auflodern oder auch erlöschen lässt.

Balance für Feuersalamander

Wenn du ein Feuermensch bist, tut es dir gut herauszufinden, wie du dein Feuer nähren und erhalten kannst, ohne selbst „auszubrennen" oder andere zu verbrennen. Dein Feuereifer, deine feurigen Ideen und deine Begeisterung sind wichtig. Es kann hilfreich sein, wenn du die Eigenschaften deines Feuers gut kennen lernst, damit du es optimal nutzen kannst, und du und andere sich an deinem Feuer wärmen und nähren können. Erkunde, welches Brennmaterial dein Feuer am kraftvollsten und gleichmäßigsten brennen lässt: körperliche Aktivitäten wie Aikido oder andere Kampfkünste, Bogenschießen, Felsenklettern, Flamencotanzen, Qi Gong sind nur einige Möglichkeiten, die du ausprobieren kannst. Vielleicht macht es dir auch Spaß, in einer Band oder einem Orchester zu spielen? Es kann sein, dass du dich vor allem zu Percussionsinstrumenten hingezogen fühlst. Trommeln ist gut, um deinen Rhythmus zu finden und überschüssiges Feuer abzureagieren. Die Wirbelwindmeditation im ersten Kapitel eignet sich ebenfalls, um dein Feuerwesen näher kennen zu lernen.

Wenn du dich ausgebrannt fühlst, aber auch wenn dein Feuer zu wild tobt und alles zu verbrennen droht, gehe hinaus in den Wald oder an einen Strand. Höre dem Wind zu, der in den Blättern singt, oder den Wellen, die an den Strand rauschen. Wenn dies nicht möglich ist, kannst du auch eine Duftlampe mit Sandelholzöl abbrennen. Vielleicht hast du auch einen Rosenquarz oder einen Zitrin. Führe ihn in kreisenden Bewegungen über deinen Bauchbereich, oder lege ihn ruhig auf deinen Bauch.

All diese Dinge können dich zu einem besseren Verständnis deines Feuers führen und dich ins Gleichgewicht und deine Kraft bringen.

Erde

Du kletterst einen gewundenen Pfad den Berg hinauf. Die Felsbrocken unter deinen Händen und Füßen sind warm von der Sonne und mit braunroten Flechten bewachsen. Die Luft ist frisch und reich und ein leichter Westwind streicht sanft über dein Gesicht. Kleine Blumen in kräftigen Farben leuchten auf der kargen samtbraunen Bergwiese neben dem Weg. Du spürst die Kraft der Erde, die sie trotz der Höhe hier in den Bergen wachsen lässt.

Nach einer Weile kommst du zu einem Plateau. Steile Felswände ragen vor dir auf. Da entdeckst du eine schmale Öffnung, kaum zu erkennen zwischen zwei Felsvorsprüngen. Die Öffnung ist gerade groß genug, um dich einzulassen. Innen erscheint zunächst alles schwarz und dunkel. Am Hall deiner Schritte merkst du, dass die Höhle recht groß ist. Es ist warm und riecht angenehm süßlich nach Süßgras und Salbei. Du setzt dich und wartest, bis deine Augen sich an die Dunkelheit gewöhnt haben. Mit den Händen fühlst du die glatten Felsen unter und neben dir. Es scheint, als wäre der Stein behauen und geschliffen worden. Plötzlich dringt ein schwacher Lichtschein zu dir. Undeutlich erkennst du einen Gang, der darauf zuführt. Vorsichtig tastest du dich mit den Füßen vorwärts. Der Duft von Süßgras und das Licht werden immer stärker. Der Gang bringt dich zu einem großen runden unterirdischen Raum. In seiner Mitte brennt ein warmes Feuer. An den Wänden und der Decke der Höhle funkeln Tausende von Edelsteinen in allen

Regenbogenfarben im flackernden Schein der Flammen. Neben dem Feuer siehst du ein kleines Becken, aus dem leichter Dampf aufsteigt. Eine Quelle, erwärmt durch die Hitze im Erdinneren, sprudelt zwischen den Felsen empor. Es ist wunderbar warm und gemütlich in der Höhle.

Du steigst in die heiße Quelle. Das Wasser umsprudelt dich wohlig und massiert sanft blubbernd deinen Körper. Du fühlst dich vollkommen geborgen und beschützt. Gehalten und getragen. Das orangegelbe Licht des Feuers fließt über die Kristallwände der Höhle und umhüllt dich mit einem zarten Strahlenmantel. Tief und gleichmäßig fühlst du den Herzschlag der Mutter Erde... Beruhigend strömt er pulsierend über die Wellen des Wassers in dich ein.

Du bist hier sicher und geborgen. Spüre, wie dein Körper, dein ganzes Wesen ruhig wird, eins mit Mutter Erde...

Spüre, wie dein Körper, dein ganzes Wesen vom warmen Feuerschein und dem Licht der Kristalle durchleuchtet und gereinigt wird... Wärme und Ruhe und Licht umhüllen und heilen dich...

Bleibe hier, solange du willst. Genieße die Ruhe, Wärme und Geborgenheit im Schoß von Mutter Erde.

Wenn du bereit bist, kannst du aus der Quelle steigen und langsam zum Ausgang der Höhle zurückgehen. Dies ist nun dein geheimer Platz, und du kannst immer wieder hierher kommen, wenn du es brauchst.

Gehörst du zur Erdfamilie?

Als Erdkind liebst du wahrscheinlich Ruhe und ein gemütliches Zuhause. Vielleicht kuschelst du dich gerne in deine Kissen und liest oder träumst. Erdmenschen schwingen im Allgemeinen langsamer, das heißt, sie brauchen Zeit und Ruhe, um Entscheidungen treffen und nachdenken zu können. Als Erdkind bist du nicht immer ein Freund von spontanen Wechseln. Für dich sollten die Dinge „Hand und Fuß" haben, bevor du dich darauf einlassen kannst.

Andere nähren, ihnen helfen, sich um Schwache, Kranke, Benachteiligte, Freunde kümmern, liegt Angehörigen der Erdfamilie im wahrsten Sinne des Wortes am Herzen. Sie sind oft wunderbare Köche und zaubern leckere Mahlzeiten für sich und andere. Es macht ihnen Spaß, ihren eigenen Garten anzulegen, Dinge zu pflanzen und zu pflegen. Erdkinder kümmern sich meist gerne und hingebungsvoll um ihnen anvertraute Haustiere. Sie sehen sie nicht nur als Spielgefährten, sondern sorgen sich beständig um ihr Wohlergehen und ihr Befinden.

Hast du ein gutes Gefühl für Atmosphären und Stimmungen, und bist du daher sehr empfindlich gegenüber Schwankungen in deiner Umgebung? Im Allgemeinen sind Erdkinder sehr hilfsbereit und harmoniebedürftig. Sie mögen keinen Streit, und es ist ihnen wichtig, dass alle zufrieden sind.

Bauen, zum Beispiel mit Lehm, und Handarbeiten wie Weben sind Tätigkeiten, die viele Erdkinder mögen. Oft schaffen sie sich einen gemütlichen Platz, an dem auch andere sich gerne aufhalten. Angehörige der Erdfamilie sind häufig auch gute

Reiter, ihre ruhige und ausgeglichene Art überträgt sich auf ihre vierbeinigen Freunde.

Als Erdkind brauchst du eine gewisse Ruhe und Beständigkeit in deinem Leben. Zu viel Veränderung und ständige Ortswechsel können dir schnell zu viel werden. Wenn du auf deine Bedürfnisse Rücksicht nimmst, dann kann sich deine Kraft entfalten und du kannst für dich und deine Umgebung viel Heilsames, Schönes und Wichtiges hervorbringen und bewirken.

Sprache der Erde

Wenn du die Sprache der Erde erlernen möchtest, musst du deine Sinne weit öffnen, denn sie ist leise, obwohl sie eine gewaltige Kraft besitzt. Lege dich an einem schönen Sonnentag auf die warme Erde, schließe die Augen – und warte einfach ab. Nach einiger Zeit wirst du wahrscheinlich ein tiefes, gleichmäßiges Pochen spüren. Es kann sein, dass dein ganzer Körper in diesem kraftvollen Rhythmus zu schwingen anfängt. Das ist der Herzschlag von Mutter Erde. Er wirkt beruhigend und gibt uns ein Gefühl von Geborgenheit und Getragensein.

Vielleicht ist dir schon einmal aufgefallen, wie unterschiedlich Erde riechen und sich anfühlen kann: trockene, warme Erde ist rau und bröselig, feuchte, kühle Erde ist weich, manchmal schlammig und riecht ganz anders. Je nach Jahreszeit und Wetter besitzt die Erde unterschiedliche Fähigkeiten und Eigenschaften. Im Winter ruhen die Wurzeln der Pflanzen und Samenkörner in ihrem Schoß, im Frühling schenkt sie zusammen mit Vater Sonne und dem Regen vielen Lebewesen Leben, in der Wärme des Sommers reift das Leben und erreicht seine Fülle, bevor sich die Kräfte im Herbst wieder in sie zurückziehen. So ist die Erde ganz eng mit den Kreisläufen des Lebens verbunden.

Wenn du Lust hast, kannst du einen eigenen kleinen Garten anlegen – dies geht auch in Blumentöpfen, wenn dir kein anderer Platz zur Verfügung steht. Wenn du die Erde und ihre Sprache studierst, erfährst du nicht nur einiges über die Kreisläufe des Lebens, über Geben und Nehmen, Nähren und Hegen, sondern auch viel über Eigenschaften wie Beständigkeit, Vertrauen, Verlässlichkeit.

Wenn du gut geerdet bist, kannst du deine Ideen auf einer stabilen Grundlage aufbauen und in die Tat umsetzen – so wie die Samen in fruchtbarer Erde im Jahreskreislauf reifen und wachsen, bis sie zur vollen Blüte gelangen. Die Sprache der Erde ist für uns alle wichtig, ansonsten kann es passieren, dass unser Feuer wie ein Strohfeuer verlischt, unser Wasser ohne Richtung zerfließt und verdunstet oder wir wie ein Blatt im Wind orientierungslos verwehen...

Balance für Erdgeister

Zögerst du manchmal und überlegst hin und her, wie du dich entscheiden sollst? Hast du wunderbare Pläne und Ideen, doch dann dauert es unendlich lange, bevor du den ersten Schritt tust, um sie zu verwirklichen? Erdkinder ruhen manchmal so tief in der Erde und sind so fest verwurzelt, dass es ihnen nicht leicht fällt, Dinge in Bewegung zu bringen, oder sich selbst zu bewegen. Um hier in Balance zu kommen, tun Aktivitäten gut, die dir einerseits die vertraute Regel- und Gleichmäßigkeit bieten, dich gleichzeitig jedoch auch in Bewegung kommen lassen. Vielleicht macht es dir zum Beispiel Spaß, mit der Gehmeditation (siehe Seite 15) herauszufinden, wie du in der Bewegung dein Gleichgewicht finden kannst. Wenn du Wasser magst, kannst du beim Schwimmen einen ausgeglichenen Rhythmus in der Bewegung genießen. Mache einen Spaziergang oder jogge am Strand entlang, wo du dem gleichmäßigen Rauschen der Wellen zuhören kannst, die doch immer in Bewegung sind. Auch Trommeln lässt dich deinen gleichmäßig fließenden Rhythmus in der Bewegung finden. Töpfern, mit Ton oder Lehm bauen oder modellieren, Qi Gong, Radfahren, Segeln, Kajaken – alles, was dich in einen gleichmäßigen Fluss bringt, wird dir gut tun und dir helfen, dass du flexibel und nicht „stecken" bleibst oder zu sehr in einer Stellung verharrst.

Deine Ideen und Sichtweisen sind wichtig. Deshalb erlaube dir, herumzuspielen, auszuprobieren, dem zu folgen, was dir Spaß macht! Auch wenn du nicht alles im Voraus bedacht oder alles bis ins Kleinste geplant hast. Nimm dir die Zeit, die du brauchst, um deine Gedankensamen reifen zu lassen, und lasse dann die ausgereiften Samen wachsen und blühen. Vertraue darauf, dass sie ihren Lebenskreis durchlaufen – genährt durch deinen fruchtbaren Boden, aber auch durch die vielen anderen stützenden Kräfte in dieser Welt.

Holz

Es ist früher Morgen, die magische Stunde vor dem Sonnenaufgang. Du schaust aus dem Fenster. Die Sterne blinken noch am Himmel, doch die Vögel begrüßen mit ihrem lebendigen Gesang bereits den neuen Tag. Du gehst hinaus, die frische Morgenluft streicht angenehm kühl über dein Gesicht. Langsam färbt sich der Himmel am Horizont, die schwarzblaue Dunkelheit der Nacht weicht dem beginnenden Feuer der Sonne, das die Sterne verblassen lässt.

Der Gesang der Vögel erfüllt jetzt die Luft laut und klar. Ihre Fröhlichkeit wirkt ansteckend. Du verfolgst das immer wieder neue Schauspiel des beginnenden Tages auf der farbenfroh angestrahlten Himmelsbühne. Nachdem die ersten Strahlen das tiefe Blau des Himmels nur zaghaft aufgehellt haben, leuchtet der Horizont nun eindrucksvoll in kräftigen Orange- und Rottönen. Dies ist die Stunde des Neuanfangs, der kraftvollen Sammlung, in der alle Lebewesen sich auf den kommenden Tag vorbereiten und ihn willkommen heißen.

Jetzt erscheint der Sonnenball hellstrahlend in der Ferne. Die ersten Strahlen verwandeln die Tautropfen auf der Wiese in Tausende von glitzernden Kristallen. Eine uralte Eiche streckt ihre Blätter der Sonne entgegen und trinkt ihr Licht. Du setzt dich zwischen ihre Wurzeln, lehnst deinen Rücken an ihren knorrigen breiten Stamm, und sie erzählt dir ihre Geschichte...: *Warm und wohlig kuschelt sich die kleine Eichel unter den heruntergefallenen Blättern in die Erde. Den ganzen Winter* sammelt sie ihre Kräfte und ruht unter einer dicken weißen Schneedecke, bis sie im Frühling von einer warmen Regendusche geweckt wird. Die ersten kräftigen Sonnenstrahlen lassen die Schneekristalle schmelzen und nähren die kleine Eichel mit Mineralien und anderen Nährstoffen. Entschlossen streckt sie sich. Ihre Wurzeln graben sich in die weiche warme Erde, um ihr einen sicheren Halt zu geben.

Eines Tages fühlt sie sich stark genug, und ein kurzer gelblichweißer Spross wächst aus ihrer Mitte und teilt ihre Schale in zwei Hälften. Nach ein paar Tagen streckt sie neugierig ihren Kopf aus der Erde. Wie schön und hell und warm ist die Welt! Die kleine Eiche hat viel vor. Fest in der Erde verwurzelt, reckt sie ihren zarten kräftigen Stamm der Sonne entgegen. Licht, Wasser und die Nährstoffe der Erde geben ihr alles, was sie zum Wachsen benötigt.

Viele Jahreskreise ziehen ins Land. Die junge Eiche wird größer und stärker. Sie lernt, mit dem Wind zu tanzen und dem Wetter zu trotzen. Sie lernt, biegsam und flexibel zu sein, um nicht zu zerbrechen. Manchmal muss sie ihre Richtung ändern, damit ihre Blätter genügend Sonnenlicht erhalten und sie nicht von anderen Bäumen überschattet oder verdrängt wird. Fest verwurzelt in der Erde hält sie ihre Balance. Sie passt sich an die Gegebenheiten ihrer Umgebung an, ohne ihr Ziel aus den Augen zu verlieren. Ihre Zweige formen ein ausladendes, schützendes Dach und reichen weit hinaus. Viele Vögel und andere Lebewesen finden bei ihr ein sicheres Zuhause.

Die Eiche ist groß und stark. Zehn Kinder müssen sich an den

Händen fassen, um ihren Stamm zu umspannen. Sie verbindet Himmel und Erde, und immer noch sprüht sie jedes Jahr im Frühling von neuer Lebenskraft...

Leise rascheln die zartgrünen neuen Blätter der Eiche über dir im Morgenwind. Die Sonne erhellt den ganzen Himmel und der neue Tag hat begonnen. Fühle die Zuversicht und ruhige Kraft der Eiche in dir. Wachse wie sie, im Gleichgewicht aus deiner Mitte heraus. Spüre deine Stärke, die nicht vergeht – auch wenn du nachgibst oder deine Richtung änderst. Wachse und wandle – stark wie eine Eiche – im Vertrauen auf dein Leben und dein inneres Ziel.

Gehörst du zur Holzfamilie?

Bist du gut im Organisieren von Dingen? Gehst du entschlossen voran und versuchst, deine Pläne zu verwirklichen? Holzmenschen sind meistens Menschen der Tat. Wenn sie etwas im Sinn haben, dann setzen sie es auch um. Sie lassen sich im Allgemeinen nicht schnell aus dem Gleichgewicht bringen. Holzmenschen wissen, was sie wollen, und arbeiten unbeirrbar an ihren Zielen. Trotzdem sind sie aufgeschlossen für vieles und können sich an Veränderungen anpassen, wenn es nötig ist.

Angehörige der Holzfamilie haben zumeist ein klares Bild von ihrer Zukunft vor Augen. Sie sehen die größeren Zusammenhänge und können deshalb ihre Taten weise und voraussehend planen. Mit ihrem klaren und tatkräftigen Wesen sind sie für ihre Umgebung wichtige Inspirationsquellen und Orientierungspunkte. Wenn sie allerdings in ihrem Wachstums- und Forscherdrang zu stark ausgebremst werden, reagieren Holzmenschen trotz ihrer sonst so ausgeglichenen Art sehr wütend oder frustriert.

Interessierst du dich für viele verschiedene Dinge des Lebens und streckst deine Fühler gerne in alle möglichen Bereiche aus, wie ein Baum seine Äste? Bewegst du dich gerne und magst körperliche Übungen? Holzmenschen sind oft gute Sportler – so wie sie ihre Zeit und Projekte gut organisieren und gestalten können, erhalten sie auch ihren Körper gesund und beweglich.

Sie sind Überlebenskünstler, die sich an verschiedene Bedingungen anzupassen wissen, und stark und hoffnungsfroh ihr Leben meistern.

Die Sprache des Holzes

Betrachte einen Baum oder Busch, und du wirst viel über das Wesen und die Sprache des Holzes erfahren. Um zu wachsen und seine Ziele zu erreichen, benutzt der Baum andere Elemente: seine Wurzeln ruhen in der *Erde*, trinken *Wasser* und nehmen *Metall* als Spurenelement auf. Seine Blätter verwandeln mit Hilfe des Sonnen*feuers* bestimmte Stoffe in Nahrung. So können auch wir die Eigenschaften anderer Elemente in uns entwickeln und nutzen, um unseren Lebensplan zu erfüllen.

Der Baum zeigt uns, wie wir mit Hindernissen und Schwierigkeiten umgehen können, ohne uns selbst zu verlieren. Biegsam und flexibel bewegt er sich im Sturm – und ist doch fest in seiner Mitte, seinem Stamm, und in der Erde verwurzelt. Er wächst seinem Ziel, der Sonne, entgegen.

Hast du schon einmal einen Baum gesehen, dessen Stamm viele Biegungen hat und ganz knorrig und krumm ist? Manche Bäume sind durch starke Winde, die immer wieder aus einer bestimmten Richtung wehen, ganz schief gewachsen. Sie lernen uns, dass wir uns manchmal an bestimmte Gegebenheiten anpassen und entscheiden müssen, welche Veränderungen nötig sind und inwieweit wir uns verbiegen, um unser Ziel zu erreichen, ohne jedoch zu zerbrechen.

Bäume in einem Wald wachsen in einer bestimmten Ordnung, auch wenn sie nicht wie in Plantagen in strengen Reihen gepflanzt sind. In ihrem Wettbewerb um das Licht der Sonne schaffen die Bäume sich ihre eigene Ordnung und Balance. Beobachte, wie sie entschlossen dem Licht zustreben.

Wie sie wachsen und sich entfalten, ihre Zweige ausstrecken. Schau dir an, wie sie sich im Sturmwind biegen und gleichzeitig fest in der Erde verwurzelt und mit ihrem Stamm verbunden sind.

Wenn du die Sprache der Bäume verstehst, werden dich die Stürme und Wechsel des Lebens nicht mehr von deinem Weg und deiner inneren Kraft abbringen, sondern du kannst entschlossen und zielgerichtet deine Ideen und Träume leben.

Balance für Holzkünstler

Damit du deine Qualitäten als Holzkünstler zum Wohle aller am besten einsetzen kannst, ist es gut, einige Dinge zu beachten. Da Holzmenschen sich für vieles interessieren und immer neue Herausforderungen und Abenteuer suchen, kann es manchmal geschehen, dass sie sich „überladen" und zu viele Projekte gleichzeitig verwirklichen wollen. Wenn du deine Zweige in zu viele Richtungen zugleich wachsen lässt, werden sie dünn und brechen ab. Lerne daher deine Grenzen kennen und nimm dir nur so viel vor, wie du auch zu Ende führen kannst.

Finde heraus, was dir hilft, deine starken Wachstumskräfte, dein Organisationstalent und deine immer neuen Ideen zum Ausdruck zu bringen. Kampfkünste wie Taekwondo, Judo, Karate, Aikido stärken deine Fähigkeit zur Selbstbehauptung und machen deinen Körper biegsam und geschmeidig. Vielleicht machen dir auch Teamsportarten wie Handball, Volleyball, Fußball, Basketball, etc. Spaß? Oder bringst du dich gerne in Gruppen ein, die sich für eine positive Veränderung unseres Lebens einsetzen? Organisationen wie zum Beispiel Greenpeace oder der Bund für Naturschutz haben spezielle Jugendgruppen, in denen du deine wertvollen Ideen und Anregungen einfließen lassen und weiterentwickeln kannst.

Wenn du Lust hast, kannst du auch das Schwingen (siehe Seite 20) oder Das magische Auge (siehe Seite 22) ausprobieren. Folge dem, was dir Spaß macht und dir gut tut – und vertraue auf deine Stärke!

Du gehst einen mit Pinniennadeln bedeckten Waldweg entlang, bis du an einen kleinen Bach kommst. Er plätschert fröhlich in seinem Bett dahin. Dort, wo die Tropfen über größere Steinbrocken springen, sprudelt das Wasser weißschäumend. Du setzt dich auf einen flachen, mit weichem Moos bewachsenen Felsen am Ufer. Vater Sonne wärmt die Luft und lässt die Welt um dich herum hell und freundlich strahlen. Du genießt die fließende Ruhe und schaust ins Wasser...

Da fällt dein Blick auf einmal auf einen kleinen Stein, etwa so groß wie der Kreis zwischen deinem Zeigefinger und deinem Daumen. Du greifst ins eiskalte Wasser und holst ihn heraus. Seine dunkelgraue glänzendnasse Oberfläche ist von feinen weißen Bändern durchzogen, die in der Sonne glitzern. Er fühlt sich glatt und rund an. Die Wassertropfen haben seine Kanten im Laufe der Zeit fein abgeschliffen.

„Schön, dich kennen zu lernen", hörst du plötzlich eine leise Stimme in deinem Kopf. Verwundert blickst du dich um, doch da ist niemand. Ein leises Lachen erklingt und verschwindet im Rauschen des Baches.

„Steine sind ein Weg zum Wissen", ertönt da die Stimme wieder. Der Stein in deiner Hand prickelt angenehm. Er fühlt sich irgendwie lebendig an.

„Ich *bin* lebendig", kichert die Stimme. „Wenn du willst, erzähle ich dir das Geheimnis der sieben Gesichter der Steine."

Du nickst, und der kleine Stein in deiner Hand spricht zu dir.

„Wir Steine sind seit uralten Zeiten auf dieser Erde. Manche von uns kommen aus dem Weltraum und bringen Wissen von weit entfernten Sternen und anderen Welten mit sich. Wenn du das Geheimnis unserer sieben Gesichter kennst, wirst du im Laufe deines Lebens vielleicht einige unserer Geschichten und Weisheiten erfahren."

Der kleine Stein kitzelt leicht deine Handfläche und fährt fort: „Das erste Gesicht ist das Gesicht der Klänge. Alle Steine können sprechen und Töne erzeugen. Wir können singen und lachen, jauchzen und klagen. Wir können mit unseren Gesängen anderen Lebewesen helfen, ihre Energien in Einklang zu bringen.

Das zweite Gesicht ist das Gesicht des Sehens. Wir Steine können dich sehen, besser als du dich selbst. Wir können auch Dinge sehen, die weit entfernt sind oder in der Zukunft geschehen. Wir können dir Geheimnisse und Schätze enthüllen, dir leuchtende Welten und die Kinder der Sterne zeigen. Wenn du lernst, mit den Augen der Steine zu sehen, kannst du alles sehen: Wir Steine können dir zeigen, was aus dir werden wird. Wir können dir verlorene und längst vergessene Dinge zeigen.

Das dritte Gesicht ist das Gesicht des Riechens. Wir Steine können Düfte wahrnehmen, die vor hundert Jahren da waren. Ich kann deinen Geruch riechen und werde mich mein Leben lang an ihn erinnern. Wir Steine können andere Lebewesen an ihrem Geruch erkennen. Wir speichern ihn und können sie so wiederfinden – egal, wo sie sich befinden.

Das vierte Gesicht ist das Gesicht des Schmeckens. Wir

Steine können Nahrung aufnehmen. Wir ernähren uns von vielen verschiedenen Stoffen und auch von Licht. Viele von uns brauchen von Zeit zu Zeit Wasser, um zu überleben – wie ihr Menschen auch.

Das fünfte Gesicht ist das Gesicht des Fühlens. Ich kann dich und dein Wesen erfühlen, kann spüren, ob du weich oder hart bist, krank oder gesund. Ich kann in deinen ganzen Körper hineinfühlen. Wir alle können das, auch ohne Hände.

Das sechste Gesicht ist das Gesicht des Empfindens. Wir Steine können Gefühle wahrnehmen. Wir spüren, ob du traurig oder fröhlich bist. Und wir können deine Gefühle beeinflussen: Wir können zum Beispiel bewirken, dass du dich besser, leichter, freier fühlst.

Das siebte Gesicht ist das Gesicht des Bewusstseins. Wir Steine sind Teile des Großen Kreislauf des Lebens – wie alle Lebewesen. Wir wissen, dass wir eins sind, mit allem, was uns umgibt. Wir sind alle Teile eines großen Traumes. Steine sind wie alle Lebewesen, nur sind wir einfach viel dichter und schwingen langsamer."

Du schaust auf den kleinen Stein in deiner Hand. Er fühlt sich jetzt warm und irgendwie gar nicht mehr wie ein Stein an. Die Stimme in deinem Kopf ist nun ruhig.

„Willst du mit mir kommen", fragst du leise. Ein schwaches Prickeln durchströmt deine Handfläche und noch einmal hörst du die vertraute Stimme: „Ich liebe das Fließen des Wassers und fühle mich am wohlsten hier in meinem Bach. Besuch mich, wenn du willst – und denke daran, dass neben mir viele,

viele andere Steinfreunde auf dich warten."

Gut gelaunt dankst du deinem neuen Freund und legst ihn zurück ins Wasser. Dein Herz fühlt sich auf einmal froh und leicht an. Du spürst tief in dir, wie viel Freundschaft, Liebe und Unterstützung dir aus der Welt der Steine entgegenfließen.

Nimm dieses Gefühl mit, und achte auf die Steinfreunde, die auf deinem Weg liegen...

Gehörst du zur Steinfamilie?

Steinmenschen lassen sich nicht schnell aus der Ruhe bringen. Gelassen und geduldig betrachten sie das Treiben um sich herum. Zuviel Trubel und Geschäftigkeit lassen sie einfach an sich abprallen. Sie warten lieber erst einmal ab, bevor sie ruhig und bedächtig zur Tat schreiten.

Auf Mitglieder der Steinfamilie kann man sich verlassen. Sie sind gute Zuhörer und oft der Ruhepol in ihrer Familie oder unter ihren Freunden. Steinmenschen findet man in vielen Bereichen des Lebens, da sie sehr vielseitig und weitblickend sind. Oft wirken sie heilend und stützend auf ihre Umgebung. Sie genießen die angenehmen Seiten des Lebens, ob Essen, Massagen oder Künste, und lachen gerne.

Die Sprache der Steine

Mineralien und Steine waren die ersten Lebewesen auf unserer Erde. Ihr Lebenskreislauf dauert viel länger als der von uns Menschen. Sie sind buchstäblich steinalt, und wir können daher viel von ihrer Weisheit und Erfahrung lernen. Schon in der Steinzeit wurde die Heilkraft bestimmter Steine entdeckt, und seitdem benutzen die Menschen Kristalle und Edelsteine als Schutz- und Heilsteine, für magische Rituale und um die Zukunft vorauszusagen.

Steine unterstützen dich in schwierigen Lebenslagen, wenn du krank bist, Streit hast, ängstlich und unsicher bist, dich bedroht fühlst. Sie sprechen zu dir auf ihre besondere Weise, manche leise, manche laut und deutlich – halte sie in der Hand oder lege sie auf deinen Körper, dorthin, wo es sich für dich richtig anfühlt, dann wirst du nach einiger Zeit mit Sicherheit ihre Sprache verstehen. Du kannst auch deine besonderen Steinfreunde in einem kleinen Stoff- oder Filzbeutel um den Hals tragen.

Am kraftvollsten ist es, Steinen in der Natur zu begegnen. In Bächen, am Strand, in den Bergen, in Höhlen – überall findest du Steinwesen in allen möglichen Formen und Farben. Falls du sie mit dir nehmen möchtest, frage sie zuerst, ob sie ihren Platz verlassen möchten! Wie wir alle, so mögen auch unsere Steinfreunde gerne gefragt werden, bevor sie einfach aus ihrer vertrauten Umgebung gerissen werden. Wenn du Kristalle oder Edelsteine aus einem Steineladen kaufst, erkundige dich genau nach ihrer Pflege und Reinigung. Wie jedes Lebewesen brauchen sie besondere Bedingungen, um sich wohl zu fühlen und gesund zu bleiben!

Balance für Steinreiche

Als Mitglied der Steinfamilie macht es dir nicht sehr viel aus, wenn die Stürme des Lebens um dich herum toben. Du bist der Fels in der Brandung. Doch dies erfordert auch Kraft. Daher ist es wichtig, dass du für dich sorgst und Dinge tust, die dich mit Energie auftanken. Sonst kann es sein, dass deine ruhige Gelassenheit zu Gleichgültigkeit wird, du deine Umgebung nicht mehr wahrnehmen kannst und abstumpfst. Zu starke Brandung oder Winde höhlen den Stein. Vielleicht magst du Massagen? Lass dich verwöhnen und tue dir gut! Schwimmen, geschmeidige fließende Bewegungen in warmem Wasser, helfen dir zu entspannen und wecken in dir das Gefühl, verbunden zu sein. Malen, Fotografieren, Theaterspielen, Mosaiklegen – finde eine Art, dich künstlerisch auszudrücken, die dir Spaß macht und dir Freiheiten gibt, ohne dich in Formen zu zwängen.

Wenn du Lust hast, kannst du das Tönen (siehe Seite 8) ausprobieren. Es kann dich tief innen entspannen und öffnen.

Als Steinmensch tut es dir besonders gut, wenn dich Steinfreunde auf deinem Weg begleiten (dies gilt natürlich auch für uns alle). Es gibt viele verschiedene Möglichkeiten, „deinen" persönlichen Stein auszuwählen. Vielleicht kommt er einfach zu dir, das heißt du bekommst ihn zum Beispiel geschenkt, stolperst auf deinem Weg über ihn, entdeckst ihn aufgrund seiner Farbe, seiner Form oder wie er sich anfühlt. Du kannst natürlich auch in einen Steineladen gehen und dir einen aussuchen: wichtig ist, dass du deinem inneren Gefühl folgst und ganz spontan zugreifst, wenn dich etwas anzieht. Du kannst den Stein mit den Augen auswählen, indem du den nimmst, der dir auffällt. Oder deine Hand mit geschlossenen Augen über die Steine schweben lassen und zugreifen, wenn du einen inneren Impuls dazu spürst. Du kannst natürlich auch Informationen über einen bestimmten Stein in einem Buch oder von einem Fachmann erhalten und so erfahren, welcher Stein dir bei welchem Problem oder bei welcher Krankheit helfen kann. Ich persönlich mag die ersten beiden Möglichkeiten lieber, wobei ich festgestellt habe, dass die Steine, die du dir auf diese Weise wählst oder die einfach zu dir kommen, eh genau die sind, die zu deiner aktuellen Lage passen.

Besonders kraftvoll wirkt es, wenn du mit „deinem" Stein die Energiereise aus dem ersten Kapitel machst. Folge deinem Gefühl, deine Steinfreunde werden dich leiten und unterstützen. Sei gut zu ihnen und erkundige dich genau, was sie zum Glücklichsein brauchen – dann werden sie dir treue Begleiter und Helfer sein.

Metall

Du sitzt auf einer Bergwiese. Die letzten Sonnenstrahlen des Tages erwärmen das kurze trockene Gras unter dir. Langsam färben sich die Wolken und zaubern gewaltige bunte Gebilde, wie prächtiger Fahnenschmuck an Festtagen. Zu dieser Tageszeit macht sich alles bereit, um sich für die Nacht zurückzuziehen. Während die in allen Rottönen erstrahlenden Wolkenschiffe gemächlich in die dunkelblaue Tiefe des Nachthimmels segeln, gehst du den Pfad entlang bis zu einer Höhle im Fels. Dort drinnen ist es gemütlich warm und windgeschützt. Du entzündest ein kleines Feuer, das den Raum in ein fröhlich flackerndes helles Licht taucht. Da siehst du, dass die glatten Höhlenwände an manchen Stellen silbrig glänzen. Du lässt deine Hände über die angenehm kühle Oberfläche gleiten. Kleine Silberadern durchziehen den dunkelgrauen Fels und leuchten im Feuerschein wie funkelnde Sterne am Nachthimmel.

Plötzlich hörst du ein leises Geräusch. Am anderen Ende der Höhle entdeckst du eine kleine alte Frau. Sie ist nicht größer als dein Unterarm. Ihre silbergrauen Haare umrahmen wirr ihr runzeliges braunes Gesicht. Die kleinen Äuglein blicken dich fest und direkt an.

„Setz dich zu mir", sagt sie mit einer glockenklaren hellen Stimme.

Langsam gehst du näher. Von ihrem Körper scheint ein helles silbrigweißes Licht auszustrahlen. Aus einem Weidenkorb holt sie einen großen glänzendgrauen Klumpen und gibt ihn dir.

„Ich bin die Hüterin der Erze", erklärt sie und kichert leise vor sich hin. „Dieser Stein ist durchzogen von feinen Silberadern. Lerne ihn kennen, fühle ihn, sprich mit ihm, und er wird dir helfen, deine Träume zu leben."

Der Stein in deiner Hand fühlt sich glatt und angenehm kühl an. Du spürst die starke Kraft und Klarheit, die von ihm ausgehen. Bilder tauchen in dir auf: die scharfe Schneide eines in der Sonne blinkenden Schwertes. Du siehst, wie es Dinge zerstören, aber auch beschützen kann. Eisennägel, Werkzeuge, Hufeisen – du siehst viele nützliche Metalldinge, die schützen und aufbauen, aber durch ihre unnachgiebige Kraft auch zerstören können.

„Lerne deine Metallkraft weise und gut zu nutzen, für dich und andere", hörst du die Hüterin der Erze. „Sei stark, aber nicht stur, sei klar und zielstrebig, aber nicht rücksichtslos und verletzend. Lerne zu unterscheiden, und du wirst erfolgreich und glücklich sein."

Dein Silberstein scheint auf einmal zu zerschmelzen. Wie glitzerndes Wasser rinnen kleine Silberbäche durch deine Finger und sammeln sich in einer Mulde auf dem Steinboden. Ein bröckeliger Felsbrocken bleibt zurück in deiner Hand. Vor deinen Füßen glänzt ein kleiner Silbersee.

Die kleine Frau lacht klirrend: „Um reine Silberkraft zu erhalten, musst du manchmal weich und geschmeidig werden. Schmelze im Feuer des Lebens und lass die harten Felsbrocken zurück."

Ihr fröhliches Lachen hallt von den Höhlenwänden, und als

du dich umschaust, ist sie verschwunden.

Du bedankst dich bei ihr in Gedanken und weißt, dass du zu ihr zurückkehren kannst, um Hilfe und Rat zu finden.

Gehörst du zur Metallfamilie?

Magst du es, wenn alles aufgeräumt, ordentlich und sauber ist? Kein Schnickschnack oder überflüssige Schnörkel? Metallmenschen schätzen im Allgemeinen eine klare, aufs Wesentliche begrenzte Ordnung. Sie sind sehr starke, unbeirrbare Persönlichkeiten, beharren auf ihren Sichtweisen und wollen normalerweise ihren Kopf durchsetzen. Entschlossen, manchmal auch sturköpfig, gehen sie ihren Weg. Sie verlassen sich am liebsten auf sich selbst und regeln die Dinge alleine.

Metall ist ein sehr starkes Element, es kann Strom leiten und nur durch die Kraft des Feuers in seiner Form verändert werden. So können auch Angehörige der Metallfamilie starke Energien in sich tragen und weiterleiten. Sie besitzen die Kraft, Dinge in Bewegung zu setzen. Mit Beharrlichkeit bleiben sie „am Ball" und verwirklichen ihre Ziele unnachgiebig und entschlossen.

Wenn Metall dein Element ist, verlässt du dich wahrscheinlich nicht sehr oft auf andere. Du hast eine genaue Vorstellung davon, wohin du möchtest, und bist bereit, auch ohne die Unterstützung anderer dort anzukommen. Fehlschläge, Misserfolge oder Schwierigkeiten schrecken dich selten ab – du tüftelst so lange, bis du eine Lösung gefunden und es geschafft hast.

Die Sprache von Metall

Nimm dir ein Stück Metall, zum Beispiel ein Schmuckstück aus Gold oder Silber, und halte es in der Hand. Wie fühlt es sich an?

Da Metall ein sehr festes und starres Element ist, kann es eine Zeitlang dauern, bis du seine Sprache verstehst. Lass dir Zeit! Fühle, wie ruhig und klar die Energien des Metalls schwingen. Metalldinge lernen uns, uns auf uns selbst zu besinnen, in unsere Stärke und Fähigkeiten zu vertrauen. Sie zeigen uns, wie wir unsere inneren Visionen nach außen tragen und umsetzen können, indem wir beharrlich und beständig unser Ziel verfolgen, ohne uns von auftauchenden Hindernissen beeindrucken zu lassen. Wenn du unsicher bist, hilft dir die Beschäftigung mit dem Element Metall, selbstbewusst und zielstrebig zu werden.

Balance für Silberlinge und Goldkinder

Um in einer gesunden Balance zu bleiben, tut es Metallkindern gut, wenn sie lernen, sich anderen Schwingungen zu öffnen. Außerdem ist es für sie hilfreich, zu erkennen, wann der Punkt gekommen ist, an dem sie Situationen oder Dinge loslassen sollten, zum Beispiel wenn sie nicht funktionieren oder ihnen nicht gut tun. Sie neigen nämlich dazu, sich manchmal regelrecht in etwas zu verbeißen und stur daran festzuhalten. Um hier zu ihrer „reinen Silberkraft" zu gelangen, müssen sie weich werden, im Feuer des Lebens schmelzen. Dafür eignet sich alles, was Metallmenschen auflockert und ihre Sicht nach außen öffnet.

Wenn Metall dein Hauptelement ist, macht es dir vielleicht Spaß auszuprobieren, in einem Orchester oder einer Band zu spielen oder mit Freunden zu tanzen. Gemeinsame

Spielsessions können auch lustig sein und deinen Blick weiten: Ballspiele, Brettspiele oder einfach gemeinsame spielerische Unternehmungen wie Drachensteigenlassen, Fahrradtouren oder was auch immer dir gefällt geben dir die Gelegenheit, deine Stärken auszuleben und dich gleichzeitig im Spiel für andere zu öffnen.

Wenn du dich festgefahren fühlst, oder Schwierigkeiten mit anderen hast, kann es dir helfen, in einer Duftlampe Sandelholzöl abzubrennen. Fühle, wie stark und fest du in dir ruhst. Doch erlaube dir gleichzeitig, im Feuer der Lebenslust zu schmelzen: sieh die Dinge auch von ihrer leichten Seite, lasse los und lasse dich vom Fluss des Lebens tragen.

Tanze ins Licht...

Meditation ist ein einfacher Vorgang in unserem Leben, allgegenwärtig und natürlich: Ein Kind, das tief in ein Spiel versunken ist, meditiert. Der Wanderer, auf einem Felsen hoch über dem Meeresspiegel sitzend und übers Land schauend, meditiert. Die Tänzerin, deren Körper im Tanz mit der Musik zu verschmelzen scheint, meditiert.

Kleinkinder verweilen lange Zeitspannen in einem meditativen Alphazustand – wenn man sie lässt. In unserer heute oft hektischen und reizüberfluteten Alltagswelt ist es wichtig, kontemplative (Frei-) Räume zu schaffen. Zeiten der Meditation, in der wir die Balance zwischen äußeren Anforderungen und innerer seelischer Kraft wiederherstellen können, sind eine Voraussetzung für ein ausgeglichenes, selbstbestimmtes Leben.

Die Folgen unseres oft von der Uhr bestimmten unruhigen Tagesablaufes sind mittlerweile weitgehend zur Normalität geworden: Kinder, die oberflächlich wahrnehmen, ständig in Bewegung sind/sein „müssen", Schwierigkeiten haben, sich selbst zu steuern, sich zu konzentrieren, denen Sensibilität, Achtsamkeit und Achtung verloren gegangen sind. Kinder, die die verschiedensten Symptome aufweisen: Allergien, Hyperaktivität, Autismus, und so vieles mehr. Das Bedürfnis nach Ausgleich, Harmonie und Heilung tritt immer deutlicher zutage. Verschiedenste Formen der Meditation, autogenes Training, Atem- und Körperübungen und das Eintauchen in die Natur lassen uns den Wert der Stille spüren.

Meditation hilft uns, unsere Innenwelten kennen zu lernen, die Essenz zu spüren, die wir sind. Sie ermöglicht uns grundlegende Erfahrungen mit uns selbst und anderen zu machen, mit Raum und Zeit und darüber hinaus. So legt sie den Grundstein zu einem empathischen, altruistischen, holistischen Bewusstsein.

Wir haben gesehen, dass gerade Kinder und Jugendliche sehr direkt und unmittelbar auf entsprechende Impulse reagieren, vor allem wenn sie leicht, unbeschwert und mit Spaß verbunden sind. Diese Atmosphäre spielerischer Leichtigkeit zu initiieren ist daher ein wesentliches Anliegen des vorliegenden Buches und den dazugehörigen Audio-CDs.

Einigen Kindern bzw. allen Menschen, die zu sehr von sich abgelenkt wurden, fällt es unseren Beobachtungen zufolge zunächst nicht leicht, zur Stille zu kommen. Manchmal benötigen sie „Hilfsmittel". Erfahrungen, in denen das Bewusstsein gesammelter, konzentrierter, energiereicher ist als in einer „normalen" Alltagssituation, erleichtern im Allgemeinen den Einstieg in einen meditativen Zustand. Ein weiteres bewährtes Hilfsmittel, um diesen Zustand zu erreichen, ist die Wiederholung. Kinder, die eine Geschichte immer wieder neu hören, ein Bild immer wieder betrachten wollen, verwenden dieses Hilfsmittel automatisch. Aus diesem Grund haben wir die Phantasiereisen so gestaltet, dass sie in vielfältiger Weise wiederholt und dem ZuhörerIn vertraut werden können.

Ein anderer Einstieg in die Welt der Kontemplation führt über das Ohr. Das Ohr ist unser empfindsamstes Sinnesorgan. Tiere mit einem besonders ausgeprägten Hörorgan (Delphine, Wale) zeigen auch ein besonders liebevolles und rücksichtsvolles Sozialverhalten. „Das Auge führt den Menschen in die Welt, das Ohr führt die Welt in den Menschen." (Joachim Ernst Behrendt/Lorenz Oken, *Die Welt ist Klang*) Die von Peter Prestel kreierte Musik malt Klangbilder, die den Text der Phantasiereisen aus dem zweiten Kapitel sanft unterstreichen sowie den Fluss der eigenen Bilder anregen. Peter verwendet in seiner Musik originale Naturaufnahmen (Wasserfall, Bach, Delphine, Vögel, etc.), Naturinstrumente (verschiedenste Percussions-, Saiten- und Blasinstrumente indigener Kulturen) und spezielle Frequenzbereiche, die im Zuhörer ein subtiles Resonanzfeld erzeugen und sein Bewusstsein weiten. Seine lange Erfahrung und sein Wissen um die meditative Kraft und Magie der Klangwelten sorgen auch in dieser Produktion für eine einfühlsame und wirkungsvolle Untermalung.

Die Welt der Farben hat ebenfalls einen nicht zu unterschätzenden Wert auf dem Weg zur Stille und zu uns selbst. Die Illustrationen von Wolfram Schulz unterstreichen wesentliche Schlüsselaspekte und strahlen eine positive, warme, lichtvolle und inspirierende Atmosphäre aus. Gleichzeitig lassen sie Raum für individuelle Visualisierungen und Phantasien.

Gedichte, Geschichten, Phantasiereisen, Gebete, Lieder – sie alle beflügeln die Phantasie und setzen unsere Kreativität frei. Die vorliegenden Phantasiereisen ebnen unserer Erfahrung nach den Weg zum „Raum der Stille". Über die Sinne sprechen sie die ZuhörerInnen auf mehreren subtilen Ebenen an, um sie in ihre Innenwelt zu leiten. Farben, Musik, Text/Sprache, Bilder, Elemente und Erkenntnisse aus verschiedenen Bereichen wie Chi Gong, autogenem Training, NLP, Hypno-Therapie, Reiki bilden den Rahmen, in dem die eigenen Inhalte des Zuhörers wachsen und erblühen können.

Möglichkeiten...

Es gibt viele verschiedene Möglichkeiten, das vorliegende Büchlein und die CDs zu nutzen. Die geführten Meditationen aus dem Kapitel „Phantasiereisen" sind als Hörversionen zum Downloaden (gratis) und als Audio-CDs erhältlich (siehe Anhang).

Die Reisen eignen sich sowohl für individuelle als auch für die Nutzung in Schulen, öffentlichen Einrichtungen, zu therapeutischen Zwecken u.v.m. Durch ihre besondere Gestaltung können sie leicht an individuelle Bedürfnisse angepasst werden: Junge Kinder orientieren sich häufig gerne an den Bildern im Buch. Abends beim Einschlafen, unterwegs in Auto/Bus/Bahn/Flugzeug, und immer, wenn gerade kein „VorleserIn" zur Verfügung steht, sind die Audio-Versionen praktisch und vielseitig einsetzbar. Die Audio-Reisen führen den Hörer/die Hörerin stufenweise in immer tiefere Ebenen des Bewusstseins. Sie enthalten rein instrumentale Passagen, um Raum für individuelle Bilder und Antworten zu lassen, die ans Licht des Bewusstseins tanzen wollen. Die tiefste Entspannungsphase ist durch eine längere textfreie Passage gekennzeichnet (siehe), während der viel Platz für eigene Visionen und Visualisierungen bleibt. Die Dauer dieser „freien" Stellen richtet sich nach Erfahrungswerten, die wir im Laufe der Jahre gesammelt haben. Beim Vorlesen des Buches kann die Länge dieser Pausen direkt an den individuellen Bedürfnisse des/der Reisenden ausgerichtet werden.

Vorlesen des Buches und Betrachten der Bilder: eignet sich
vor allem

- für jüngere Kinder
- wenn der VorleserIn die Sprechgeschwindigkeit,
  Pausen, etc. dem Rhythmus des Zuhörenden
  angleichen möchte
- für Kinder, die etwas zum „Festhalten" benötigen
  und sich noch nicht alleine auf eine Innenreise
  begeben wollen/können
- für Kinder, die noch nicht lesen können; die
  Reise, nachdem sie ihnen einmal vorgelesen
  wurde, jedoch anhand der Bilder im Buch für sich
  wachrufen können

Vorspielen der geführten Phantasiereise: eignet sich vor allem

- damit die HörerInnen die Reise wiederholt unter
  Anleitung machen können und dadurch mit dem
  Ablauf und den Möglichkeiten vertraut werden
- damit die HörerInnen sich tragen lassen können
  (die Phantasiereisen sind nach bestimmten
  Kriterien gesprochen, denen u.a. Erkenntnisse
  aus NLP und Hypno-Therapie sowie unsere
  eigenen Beobachtungen zugrunde liegen)
- wenn die Begleitpersonen (Eltern, Geschwister,
  Erzieher, Lehrer, etc.) sich nicht sicher genug
  fühlen, keine Zeit haben oder es aus anderen

Gründen vorziehen, die Reise nicht selbst zu sprechen

- wenn die Begleitpersonen die Reise selbst mitmachen möchten (z.B. in einem schulischen Umfeld), um später eigene Erfahrungen mit der Meditation in einer eventuellen (gestalterischen) Auswertung beitragen zu können
- wenn kein VorleserIn zur Verfügung steht (z.B. im Krankenhaus)

Vorspielen der Instrumentalversion (ohne Sprecherin): eignet sich vor allem

- zum selbstständigen Wiederholen, wenn die Reise bereits verinnerlicht und vertraut ist
- um Raum für neue eigene Bilderwelten zu lassen
- um Eigenkreativität zu stützen und fördern
- um einen sicheren, da bekannten Rahmen für immer neue Erfahrungen zu schaffen
- wenn der VorleserIn eigene Akzente (Sprachrhythmus, Betonung, Pausen, etc.) setzen oder auf individuelle Bedürfnisse besser eingehen möchte

Die hier aufgezählten Möglichkeiten stellen nur einen kleinen Ausschnitt des Spielrahmens dar – die Einsatzmöglichkeiten sind so zahlreich und wandelbar wie unsere Vorstellungskraft und vor allem die der Kinder.

Beobachtete Wirkungen

- Kinder, die in der Klasse störten, nicht still sitzen konnten, Konzentrationsschwierigkeiten hatten, fanden durch die Meditationen Ausdrucksmöglichkeiten, die zu Lösungen ihrer „Auffälligkeiten" führten.

- LehrerInnen und ErzieherInnen setzten die Reisen mit Erfolg zur Einleitung und Vorbereitung komplizierter, intensiver Lernprozesse (Einführung neuer Themen, vor Schulaufgaben/Tests/Prüfungen, vor Präsentationen/ Vorträgen, etc.) und zum Beispiel bei Konzentrationsabfall während des Unterrichts ein.

- Bei körperlichen Symptomen wie Kopfschmerzen, Bauchschmerzen, Allergien, Asthma, etc. sowie psychischen Unausgeglichenheiten wie Ängsten, mangelndem Selbstvertrauen, Autismus brachten die Meditationen innere Lösungen ins Licht des Bewusstseins, so dass die äußeren Signale zum Teil völlig verschwinden konnten.

- Für uns besonders berührend waren die Reaktionen von Kindern in Krankenhäusern: Zum Teil ziemlich alleingelassen mit ihren Ängsten und Beschwerden öffneten die Reisen ihnen Wege in die innere Freiheit und Gesundheit.

  Vor allem für schwerkranke Kinder, die nicht aufstehen oder sich nicht einmal bewegen dürfen bzw. können, stellen die Phantasiereisen unserer Erfahrung nach eine wesentliche Möglichkeit dar, ihre Situation auszugleichen und mit ihr fertig zu werden – eine willkommene „Ab-Lenkung" zu der inneren Quelle ewiger Lebenskraft und Gesundheit, die in uns allen ist.

- Bei unseren Nachforschungen sind wir u.a. auch Menschen begegnet, die ihren Körper nur spürten, wenn sie Schmerzen hatten. Die Meditationen halfen ihnen, sich selbst in ihrer Ganzheit wahrzunehmen.

- Und nicht zuletzt: Beim „Zurückkommen" von den Reisen ist es immer wieder schön, den friedlichen, gelösten und glücklichen Ausdruck, manchmal ein Lächeln auf den Gesichtern zu beobachten.

Allgemeine Anregungen

- Phantasiereisen sind ein sensibler Prozess, der Respekt und Einfühlungsvermögen erfordert. Die Dimensionen, die hier angesprochen werden, gehören zur Tiefenpersönlichkeit und entstammen vielfach relativ unzensiert dem Unbewussten. Unserer Erfahrung nach gehen die Kinder unterschiedlich damit um. Für manche ist ein Austausch nach der Reise, bei dem sie ihre Bilder, Wünsche, Ängste, Gefühle und Erlebnisse mitteilen können, wichtig. Dieser Austausch kann in einem Gespräch – in der Gruppe oder in Einzelgesprächen –, oder auch durch eine gestalterische Auswertung (z.B. Malen, Dichten, Modellieren mit Ton/Knete, Tanz, Pantomime) stattfinden.

- Sind die ZuhörerInnen sehr unruhig, empfiehlt es sich, den Anfang der Phantasiereise der Stimmung anzupassen und lebendiger zu gestalten (Erzählton, Gestik, etc.). Die Reisen führen dann von ganz alleine in „ruhigeres Fahrwasser". Um die Kinder einzustimmen und in Konzentration zu üben, eignen sich auch die aktiven Meditationen im ersten Bereich des Buches sehr gut.

  Es ist unserer Erfahrung nach in jedem Fall wichtig, die Kinder dort abzuholen, wo sie im jeweiligen Augenblick sind. Das Ernstnehmen ihrer Situation erlaubt dann erst das Führen in die Stille.

- Grundsätzlich können die Meditationen an jedem Ort ausgeführt werden. Viele empfinden es als hilfreich, wenn er einigermaßen ruhig ist und idealerweise wenig äußere Ablenkungsmöglichkeiten bietet. Wunderschön ist es unserer Erfahrung nach, an einen stillen Platz in der Natur (Wald, Strand, Bach, See,...) zu gehen und die Reisen dort zu machen. Natürlich gewachsene Umgebungen, vor allem Bäume und Wasser, verstärken unseren Beobachtungen zufolge die Wirkung und fördern die Kontemplation auf natürliche Weise.

  Es gibt allerdings Menschen, die zunächst den „Halt" und die Geborgenheit eines Raumes um sich herum brauchen, um loslassen und in sich gehen zu können! Darum ist es auch bei der Ortswahl (so eine Wahlmöglichkeit überhaupt gegeben ist) sehr wichtig und sinnvoll herauszufinden, wo die individuellen Bedürfnisse und Fähigkeiten der Kinder/des Kindes liegen.

- Dasselbe gilt für die individuelle Gestaltung der Reisen, zum Beispiel durch Sprechpausen, um Raum für eigene Bilder zu lassen. Beobachten Sie den/die Reisenden und fühlen Sie, was „passt". Körperhaltung, Gesichtsausdruck und Gestik können Ihnen hier aufschlussreiche Hinweise geben. Lassen Sie sich von den Kindern leiten.

- Oft werden wir gefragt, ob die Kinder die Augen schließen sollen. Unserer Erfahrung nach hängt die Antwort auf diese Frage neben anderen Einflussfaktoren stark vom

Alter der Reisenden ab. Jüngere Kinder sind häufig noch nicht bereit, die Augen für längere Zeit geschlossen zu halten. Sie besitzen jedoch meist die Fähigkeit, sich trotz scheinbarer Außenausrichtung (z.B. Spielen mit Steinen, etc. während der Meditation) tief in die Meditation zu versenken. Ältere Reisende erleben das Schließen der Augen in manchen Fällen zunächst als ungewohnt, nach kurzer Eingewöhnung jedoch meist als sehr hilfreich, um tiefer in die eigenen Bilderwelten eintauchen zu können.

Bieten Sie den Kindern einfach an, dass sie die Augen schließen können, wenn sie es wollen.

- Es empfiehlt sich, die Audioversionen der Phantasiereisen relativ leise abzuspielen. Ähnlich wie in der Einschlafphase nehmen unsere Ohren äußere Reize im meditativen Zustand viel intensiver wahr. Eine zu laute Einstellung hat daher oft eine störende und gegenteilige Wirkung. Unseren Beobachtungen zufolge fällt es den Reisenden leichter, in die Stille zu kommen, wenn die Aufnahmen relativ leise (in Bezug auf „wache" Ohren) angehört werden. Musik und Stimme wurden so abgemischt, dass sie auch bei geringer Lautstärke ihre Präsenz und Wirkung behalten.

Wir wünschen viel Spaß, Spielfreude und eine gute Reise!

Zum Illustrator

Wolfram Schulz ist Künstler mit Herz und Seele. Er spielt mit Farben, Mustern und Bildern und lässt Wände und Räume durch seine kunstvolle Gestaltung lebendig werden. Er holt den Dschungel ins Kinder-, Kranken-, Spielzimmer, die Weite des Ozeans ins Büro, die orangesandige Ruhe der Wüste in Wohnzimmer, Eingangshallen oder Warteräume.

Die wundervolle, farbenprächtige Vielfalt der Natur ist seine Quelle der Inspiration, und er bringt ihre Schönheit und Heilkraft in unsere Innenräume.

Seine Intention ist es, die Betrachter innerlich zu bewegen, zu berühren, zu inspirieren und ihnen auf ihrem Seelenweg etwas mit zu geben.

Seit seinem dreißigsten Lebensjahr ist Wolfram Schulz selbständiger Wandgestalter und Künstler und hat viele Räume in Wohlfühloasen verwandelt.

Seine Bilder wurden in über 50 Ausstellungen der Öffentlichkeit in Europa vorgestellt.

Wolfram Schulz lebt mit seiner Frau in der Schweiz.

www.wolfram-schulz.ch

Zum Musiker/Komponisten

 Peter Prestel liebt Musik und die Welt besteht für ihn aus wundervollen Klängen. Peter spielt viele Instrumente und erforscht begeistert immer neue Wege Klänge zu erzeugen, Klänge wahrzunehmen und zu verändern.

Er webt einen farbenfrohen musikalischen Zauberteppich, auf dem man in andere Wirklichkeiten entschweben kann. Seine Musik kann uns tief in uns selbst hineinführen. Sie kann uns frei und leicht machen und uns helfen, uns mit unseren inneren Heilkräften zu verbinden.

Peter hat zahlreiche CDs produziert und veröffentlicht und viele verschiedene Musikrichtungen erforscht. Neben einer klassischen Ausbildung auf Instrumenten wie Gitarre, Klavier, Bass und Flöten spielt er Musik mit allem, was ihn umgibt: mit seinen Händen, mit Plastikröhren, Muscheln, Stöcken, Steinen, Gläsern...

Er gehört zu den wenigen Menschen, die sich den vielfältigen Klangwelten und Schwingungen um uns herum öffnen und sie in ihrer Vielfalt wahrnehmen. Seine Musik öffnet die Zuhörer dafür, Klänge in ihren vielen Variationen und Farben wahrzunehmen, und lässt uns in die heilende Welt der Klänge eintauchen.

Zur Autorin

Birgit Baader begeistert sich für viele Dinge des Lebens. Sie liebt es, mit Tieren, Pflanzen und Kristallen zu sprechen und ihnen zuzuhören. Und sie sammelt gerne Geschichten, Wissen und Weisheiten, um sie mit anderen zu teilen. Die Welt ist voller Geschichten und ein riesiger Spielplatz für alle, die aus der reichen Quelle an Lebensschätzen schöpfen wollen.

Seit sie ein kleines Mädchen ist, interessiert sich Birgit für den Kontakt mit anderen Wirklichkeiten und Wesenheiten. Sie kommuniziert nicht nur mit Vögeln, Pferden und Delphinen, sondern mit allen möglichen „Phantasiewesen". Schwimmen in der Weite des Meeres, das wilde Buschland erkunden in Aotearoa, wo sie im Moment mit ihrer Familie lebt, Abenteuer in der Natur erleben, reisen und immer neue aufregende, spannende und wissenswerte Geschichten und Weisheiten aus verschiedenen Kulturen der Erde sammeln sind nur einige ihrer Lieblingsspiel- und Forschungsfelder.

Birgit hat mehrere Bücher und Artikel geschrieben und veröffentlicht, außerdem an einigen Film- und CD-Produktionen mitgewirkt. Mit ihren Veröffentlichungen möchte sie das Bewusstsein auf das große heilige Netz lenken, das alles Leben verbindet. Sie möchte das Gefühl der Verbundenheit und der Einheit stärken und Werkzeuge an die Hand geben, die ein selbstbewusstes und selbstbestimmtes Leben im Einklang mit uns selbst und unserer Umgebung ermöglichen, so dass wir aus dem universellen Pool an Weisheit und Wissen schöpfen können, der weit über die körperlichen Grenzen und unsere Spezies hinausgeht.

Birgit steht für Vorträge und Playshops zu den Themen „interspezifische Kommunikation", „Reisen zu inneren Kraftquellen mit Kindern ", „natürliche Geburt" und „alternative Lernkonzepte" zur Verfügung.

Kontakt: birgitbaader@gmail.com

Anhang

Die Phantasiereisen aus Kapitel 2 sind auch als Hörversionen erhältlich.

Sie können die Audioversionen hier downloaden oder als Audio-CDs bestellen:

http://www.birgitbaader.com/books.html

1.	Der innere Delfin	16:17
2.	Die Schmetterlingsfrau	15:20
3.	Delfinreise	18:16
4.	Am Ende des Regenbogens	19:08

www.ingramcontent.com/pod-product-compliance
Lightning Source LLC
Chambersburg PA
CBHW041220050726
47599CB00001B/14

* 9 7 8 0 4 7 3 2 8 3 3 3 9 *